excerpta classica

XXVI

Erasmus von Rotterdam

PAPST JULIUS VOR DER HIMMELSTÜR

Julius exclusus e coelis

Lateinisch – Deutsch

Übersetzt,
mit Anmerkungen und
einem Nachwort von
Werner von Koppenfels

Dieterich'sche Verlagsbuchhandlung

Frontispiz:
Hans Holbein, d. J.: Der schreibende Erasmus von Rotterdam, 1523. Kunstmuseum Basel, Martin P. Bühler.
Mit freundlicher Genehmigung des Kunstmuseums Basel.

ISBN 978-3-87162-074-4

3. unveränderte Auflage 2013
Gesetzt aus der Bembo-Antiqua
Gesamtherstellung:
AZ Druck und Datentechnik GmbH, Kempten/Allgäu
Einband nach einem Entwurf von
Rambow und van de Sand, Frankfurt am Main

Inhalt

Abb.1: Frontispiz der ersten deutschen Übertragung des *Julius Exclusus*, die unter dem Titel *Von der gewalt und haupt der kirchen* als antipäpstliches Pamphlet der Reformationszeit, wohl um 1520, erschien. Der Untertitel „ein gesprech zwischen dem heyligen S. Peter und dem allerheyligsten Bapst Julio" läßt die Ironie des Textes bereits in der Überschrift aufscheinen. (Bayer. Staatsbibliothek, München)

Dialogus, Julius exclusus e coelis

Interlocutores: Julius, Genius et Petrus

Papst Julius vor der Himmelstür

Ein satirischer Dialog des Erasmus

Es treten auf: Papst Julius II.,
sein Schutzgeist und Petrus

für Niklas Holzberg

JULIUS: Quid hoc mali est? Non aperiuntur fores? Opinor aut mutatam aut certe turbatam seram.

GENIUS: Quin potius vide, ne tu non attuleris clavem quam oportet; neque enim eadem aperitur hoc ostium, qua arca nummaria; atque adeo cur non utramque huc attulisti? Nam ista quidem potentiae clavis est, non scientiae.

JULIUS: Immo mihi praeter hanc nulla unquam fuit; neque video quid opus sit illa, cum haec adsit.

GENIUS: Nec ego sane, nisi quod interim excludimur.

JULIUS: Effervescit mihi bilis; pulsabo fores. Heus heus! aperite hoc actutum aliquis ostium! Quid hoc rei est? Nemo prodit? Quid ita cessat hic ianitor? Stertit opinor, approbe potus.

GENIUS: Ut hic ex se metitur omnes.

PETRUS: Bene habet quod portam habemus adamantinam; alioqui fores hic quisquis est perfregisset. Gigantem aliquem

JULIUS: Was, zum Teufel, ist denn hier los? Wieso geht die Tür nicht auf? Irgendwer muß das Schloß ausgetauscht oder kaputtgemacht haben!

GEIST: Schau doch lieber einmal nach, ob du den richtigen Schlüssel dabei hast. Die Pforte hier läßt sich nämlich nicht genauso aufsperren wie deine Geldtruhe. Warum hast du den anderen Schlüssel nicht mitgebracht? Den der Weisheit, nicht den der Macht!

JULIUS: Mein ganzes Leben lang habe ich nur den hier besessen; und ich sehe nicht ein, wieso ich den anderen brauche, wenn ich den einen habe.

GEIST: Ganz wie du meinst – nur sind wir eben fürs erste ausgesperrt.

JULIUS: Mir steigt die Galle hoch! Denen schlag ich glatt die Tür ein! Heda, he! Gleich macht mir jemand das Tor auf! Was soll das heißen? Es rührt sich noch immer nichts? Wo steckt er denn, der faule Türhüter? Wahrscheinlich schnarcht er gemütlich in seinem Suff.

GEIST: Wie er immer alle Welt mit seinem Maß mißt!

PETRUS: Ein Glück, daß wir eine Pforte hart wie Diamant haben. Sonst hätte uns so ein Kerl, wer immer es ist, jetzt die Tür eingetreten. Es muß wohl

aut satrapam, urbium eversorem, oportet adesse. Sed O Deum immortalem, quam hic cloacam olfacio! Non statim aperiam ostium; sed hic e fenestella cancellata prospectans quid portenti sit cognoscam. Quis es? Aut quid tibi vis?

JULIUS: Quin tu fores aperis, quantum potes; quem, si tuo fungi voluisses officio, obviam oportuit venisse, vel universa coelitum pompa.

PETRUS: Satis imperiose. At tu mihi prius exponito quisnam sis.

JULIUS: Quasi vero ipse non videas.

PETRUS: Videas? Ego vero novum et hactenus non visum spectaculum video, ne dicam monstrum.

JULIUS: At ni plane caecus es, agnoscis opinor clavem hanc, si quercum auream ignoras. Et vides triplicem coronam, necnon undique gemmis et auro lucentem pallam.

irgendein Gigant oder Despot oder Städtezertrümmerer sein. Aber, großer Gott, was für ein Kloakengestank steigt mir in die Nase! Da empfiehlt es sich nicht, gleich die Pforte aufzuschließen; ich will lieber durch das vergitterte Fensterchen hier Ausschau halten, und sehen, um welche Art von Ungeheuer es sich handelt. Wer bist du? Und was willst du?

JULIUS: Mach mir doch einfach mal die Tür auf, und zwar dalli! Wenn du dein Amt ausüben würdest, wie es sich gehört, hättest du mir eigentlich entgegenkommen müssen – am besten mit dem ganzen Aufmarsch der himmlischen Heerscharen.

PETRUS: Du haust ja mächtig auf die Pauke. Aber erkläre mir doch erst einmal, wer du bist.

JULIUS: Als ob du das nicht von alleine sehen könntest!

PETRUS: Sehen? Was ich sehe, ist ein höchst merkwürdiges, mir bislang unbekanntes Spektakel, um nicht zu sagen: ein Monstrum.

JULIUS: Aber ich denke, wenn du nicht völlig blind bist, wirst du diesen Schlüssel hier kennen – nur für den Fall, daß dir die Goldene Eiche nichts sagt. Und du mußt doch meine dreifache Krone sehen, samt dem über und über von Gold und Edelsteinen gleißenden Ornat.

PETRUS: Equidem argenteam clavem utcunque agnosco, licet et solam et multo dissimilem iis quas olim verus ille pastor Ecclesiae mihi tradidit Christus. Porro coronam istam tam superbam, qui quaeso possim agnoscere? quam nec barbarus unquam tyrannus ausus est gestare, nedum is qui huc admitti postulet. Nam palla quidem ista nihil me movet, qui gemmas et aurum perinde ut rudera semper calcarim atque contempserim. Sed quid est hoc? Video passim et in clavi et in corona et in palla notas sceleratissimi cauponis et impostoris, mei quidem praenominis sed non instituti, Simonis, quem ego quondam Christi praesidio deieci.

JULIUS: Mitte nugas istas, si sapis; nam ego, si nescis, sum Julius ille Ligur, et agnoscis ni fallor duas litteras P.M., nisi omnino litteras didicisti.

PETRUS: Significare opinor, "Pestem Maximam."

GENIUS: Ha ha ha! ut hic divinator rem acu tetigit!

PETRUS: Ich erkenne zwar den silbernen Schlüssel so einigermaßen, aber es ist eben nur einer, und er unterscheidet sich stark von jenen Schlüsseln, die mir einst Christus als wahrer Hirte der Kirche übergeben hat. Aber wie, um Himmels willen, sollte ich diese hochmütige Krone kennen? Kein barbarischer Tyrann hat es je gewagt, so etwas zu tragen, geschweige denn einer von denen, die sich hier um Einlaß bemühten. Und dieser Ornat da imponiert mir nicht im geringsten – Gold und Edelsteine habe ich immer wie Kehricht mit Füßen getreten und mißachtet. Doch was ist das? Wo ich auch hinschaue, auf dem Schlüssel, auf der Krone, auf dem Mantel, überall sehe ich das Zeichen eines höchst verruchten Schacherers und Betrügers: jenes Simon, mit dem mich nur der Vorname, nicht aber die Gesinnung verbindet – seinerzeit habe ich ihn mit Christi Hilfe in den Staub geworfen.

JULIUS: Wenn du noch bei Verstand bist, laß diesen Blödsinn! Denn ich, solltest du es nicht wissen, bin Julius, der große Ligurer; vielleicht erkennst du ja die zwei Buchstaben P.M. – falls du überhaupt jemals lesen gelernt hast.

PETRUS: Ich nehme an, sie bedeuten „Pestis Maxima".

GEIST: Ha, ha, ha! Wie dieser Wahrsager den Nagel auf den Kopf getroffen hat!

JULIUS: Immo "Pontificem Maximum."

PETRUS: Ut ter maximus sis ac magis etiam quam Mercurius ille Trismegistus, huc non recipieris nisi fueris optimus, hoc est sanctus.

JULIUS: Atque adeo si quid ad rem pertinet appellari sanctum, nimium impudens es, qui mihi cuncteris aperire fores, cum tu tot iam saeculis tantummodo sanctus dicaris, me nullus unquam vocarit nisi sanctissimum. Extant sex milia bullarum,

GENIUS: Vere bullarum!

JULIUS: in quibus non semel "sanctissimus dominus" nominor, immo iam sanctitatis nomine denotabar, non sancti, ut quicquid mihi libuisset –

GENIUS: Etiam temulento!

JULIUS: – id sanctitatem sanctissimi domini Julii dicerent fecisse.

PETRUS: Quin tu igitur ab istis adulatoribus coelum postulato, qui te sanctissimum fecerunt?

JULIUS: Aber ganz und gar nicht, sondern vielmehr: „Pontifex Maximus“.

PETRUS: Und wärst du dreimal „maximus“ und größer als der große Hermes Trismegistos, hier kommst du nicht herein, es sei denn, du bist auch „optimus“, und das heißt: heilig.

JULIUS: Wenn es nur darum geht, als heilig zu gelten, so ist es reichlich dreist von dir, mich hier solange vor der Tür warten zu lassen; schließlich nennt man dich seit Jahrhunderten bloß einen Heiligen, mich aber nie anders als hochheilig. Es gibt Tausende von Bullen –,

GEIST: Lauter Blubberblasen!

JULIUS: – in denen ich ständig mit „hochheiliger Herr“ tituliert werde. Ja, man nennt mich nicht nur einen Heiligen, sondern die Heiligkeit selbst, so daß bei allem, wozu ich gerade mal Lust hatte –

GEIST: – und sei es auch mitten im schönsten Weinrausch!

JULIUS: – die Leute bloß sagten: dies hat die Heiligkeit des hochheiligen Herrn Julius getan.

PETRUS: Dann laß dir doch einfach den Himmel von denselben Schmeichlern spendieren, die dich so hochheilig gemacht haben! Nach der Heiligkeit

Et iidem tribuant felicitatem, qui dederunt sanctitatem. Quamquam usque adeo nihil interesse censes, dicaris sanctus an sis?

JULIUS: Irritor. Si vivere modo licuisset, ego tibi istam nec sanctitatem inviderem, nec felicitatem.

PETRUS: O vocem sanctissimae mentis indicem! Quamquam et alioqui ego te iamdudum oculis totum collustrans, multam impietatis, nullam in te sanctimoniae notam animadverto. Quid enim sibi vult novus iste comitatus, tam non pontificius? Nam viginti ferme milia tecum adducis, nec ullum in tanta conspicio turba cui vel vultus sit Christianus. Video taeterrimam hominum colluviem, nihil praeter fornices, temetum ac pulverem bombardicum olentium. Latrones conducticii mihi videntur, vel larvae potius tartareae, huc ab inferis eruisse, ut coelo bella moveant. Iam teipsum quo magis ac magis contemplor, hoc minus ullum video apostolici viri vestigium. Principio, quid hoc monstri est, quod cum superne sacerdotis ornatum geras, idem intus armis cruentatis totus horres crepasque? Ad haec, quam truces oculi, quam contumax os, quam minax frons, quam elatum

sollen sie dir jetzt auch noch die Seligkeit verleihen! Aber sag mir – auch wenn es vielleicht für dich keinen Unterschied macht: wirst du nur heilig genannt oder bist du es?

JULIUS: Jetzt reicht es mir! Wenn ich bloß noch am Leben wäre – dann würde ich liebend gern auf deine berühmte Heiligkeit samt Seligkeit pfeifen!

PETRUS: O was für ein hochheiliger Geist aus diesen Worten spricht! Jetzt beobachte ich dich schon eine ganze Weile, ohne an dir auch nur das geringste Zeichen von Heiligkeit zu erkennen – dafür aber viel von Gottlosigkeit. Und übrigens, was soll dieses seltsam unpontifikale Gefolge? Du bringst da fast zwanzigtausend Mann mit, aber ich sehe in dieser Riesenhorde keinen einzigen, der auch nur von ferne wie ein Christ aussieht. Was ich sehe, ist ein höchst widerwärtiger Haufen Gesindel, der nur nach Hurerei, Suff und Pulverdampf stinkt. Sie kommen mir wie lauter gedungene Straßenräuber vor, oder besser noch, wie lauter Furien der Unterwelt, die aus der Hölle ausgebrochen sind, um mit dem Himmel Krieg zu führen. Und was dich angeht: je genauer ich dich betrachte, desto weniger kann ich auch nur die Spur einer apostolischen Nachfolge entdecken. Zunächst einmal, was ist das für eine Ungeheuerlichkeit, daß du dir außen den Priesterrock überstreifst, aber darunter von blutigen Waffen starrst und klirrst? Und weiter: der giftige Blick, der grimmige Mund, die finstere Stirn, das

et arrogans supercilium? Nam pudet dicere, ac piget interim videre, nullam corporis partem non conspurcatam notis prodigiosae ac abominandae libidinis; ut ne dicam quod etiamnum totus et ructas et oles crapulam ac temetum, ac mihi quidem modo vomuisse videris. Utique is est totius corporis habitus, ut non tam aetate morbisve quam crapula vietus, marcidus ac fractus videaris.

GENIUS: Ut graphice hunc suis depinxit coloribus!

PETRUS: Tametsi video te iamdudum mihi supercilio minantem, tamen haud queo reticere quod sentio. Suspicor pestilentissimum illum Julium ethnicum ab inferis rediisse personatum, ut me rideat; adeo tibi cum illo conveniunt omnia.

JULIUS: Ma di si!

PETRUS: Quid dixit?

GENIUS: Iratus est. Ad hanc vocem nemo cardinalium non fugitabat, alioqui fustem illum sanctissimi sensurus, praesertim a convivio.

ganze hochmütige, überhebliche Gehabe! Ich sehe mit Grausen und sage voll Ekel: da ist kein Fleckchen an deinem Leib, das nicht von den Zeichen unersättlicher und abscheulicher Begierden besudelt wäre; ganz zu schweigen davon, daß du die ganze Zeit rülpst, nach Völlerei und Säuferei riechst, und dich offenbar eben erst ordentlich ausgespien hast. Jedenfalls verrät dein ganzer körperlicher Zustand, daß du nicht etwa durch Alter und Krankheit, sondern vielmehr durch Unmäßigkeit verrunzelt, erschlafft und völlig verbraucht bist.

GEIST: Was für ein treffendes und farbiges Charakterbild!

PETRUS: Und wenn du mich – wie ich sehe – die ganze Zeit über noch so drohend anblickst, ich denke nicht daran, aus meinem Herzen eine Mördergrube zu machen. Ich habe den Verdacht, daß der andere Julius, diese heidnische Pestbeule, in deiner Gestalt aus der Hölle heraufgestiegen ist, um mit mir Spott zu treiben. So gut paßt ihr beiden in jeder Hinsicht zusammen.

JULIUS: Ma di sì!

PETRUS: Was sagt er da?

GEIST: Er ist wütend. Kein Kardinal, der bei diesen Worten nicht Reißaus genommen hätte, um nicht etwa eine Tracht hochheiliger Prügel einzustecken – besonders bei den Saufgelagen.

PETRUS: Tu mihi videre probe callere sensum hominis: proinde dic mihi, quis es?

GENIUS: Ego sum magnus ille Julii Genius.

PETRUS: Immo malus, opinor.

GENIUS: Qualiscunque sum, Julianus sum.

JULIUS: Quin tu nugas istas missas facis, ac fores aperis? nisi mavis effringi. Quid multis opus est? Vides cuiusmodi ducam comites?

PETRUS: Sane video latrones exercitatissimos. Verum ne sis inscius, hae fores tibi sunt aliis armis expugnandae.

JULIUS: Verborum inquam iam satis. Ni propere pares, excommunicationis fulmen vel in te torquebo, quo summos aliquando reges atque adeo regna terrui. Bullam vides, iam in haec paratam?

PETRUS: Du scheinst dich ja gut auf die Denkart dieses Menschen zu verstehen; so sag mir doch: wer bist du?

GEIST: Ich bin der große Geist dieses Herrn Julius.

PETRUS: Eher sein böser Geist, denke ich.

GEIST: Wie dem auch sei – zum Julius gehöre ich nun einmal.

JULIUS: Machst du jetzt endlich Schluß mit diesen Albernheiten und öffnest die Tür? Oder willst du, daß ich sie dir in Stücke hauen lasse? Da braucht es kein langes Palaver – du siehst doch, was ich für eine Gefolgschaft habe.

PETRUS: Sicher, ich sehe da lauter hartgesottene Banditen. Aber, falls du es noch nicht weißt, dieses Tor hier muß man mit ganz anderen Waffen erobern.

JULIUS: Schluß mit dem Geschwätz, sage ich! Wenn du nicht sofort parierst, werde ich den Blitzstrahl der Exkommunikation auf dich – ja auf dich! – schleudern, mit dem ich einstmals die größten Könige und sogar ganze Reiche in Furcht und Schrekken versetzt habe. Siehst du hier die Bulle, die bereits zu diesem Zweck bereit steht?

PETRUS: Quod malum fulmen, quod tonitru, quas bullas, quas ampullas mihi narras, obsecro? Nam istorum nihil unquam audivimus a Christo.

JULIUS: At senties, nisi pares.

PETRUS: Si quos olim istis fumis territasti, nihil ad hunc locum: hic veris agas oportet. Benefactis, non maledictis, haec arx expugnatur. Sed quaeso te, tu mihi fulmen excommunicationis minitaris? Dic quo iure.

JULIUS: Optimo, quando iam privatus es, nec aliud quam quilibet privatus sacerdos; immo ne sacerdos quidem, ut consecrandi impotens.

PETRUS: Nempe quia mortuus opinor.

JULIUS: Videlicet.

PETRUS: At ista quidem ratione nihilo mihi praestas plus quam mortuus.

PETRUS: Von welchem fürchterlichen Blitz und Donner redest du da, von welchen Bullen, und warum so geschwollen? Von diesen Dingen hat uns Christus nichts erzählt.

JULIUS: Du wirst sie gleich zu spüren bekommen, wenn du nicht gehorchst.

PETRUS: Vielleicht hast du ja die da unten damals mit solchen Schwindeleien eingeschüchtert – hier oben richtest du damit nichts aus. Hier zählt nur der Umgang mit der Wahrheit. Diese Burg wird mit guten Taten, nicht mit bösen Worten eingenommen. Doch, sag einmal, du drohst mir mit dem Blitzstrahl der Exkommunikation? Mit welchem Recht, wenn ich fragen darf?

JULIUS: Mit dem besten von der Welt, da du ja nicht mehr im Amt bist und nicht mehr als ein einfacher Priester – ja, weniger als ein Priester, weil du nicht einmal die Messe feiern kannst.

PETRUS: Wohl deshalb, weil ich nicht mehr unter den Lebenden bin?

JULIUS: Aber sicher!

PETRUS: Aber aus genau demselben Grund hast du mir doch ebenso wenig voraus wie irgend ein anderer Toter.

JULIUS: Immo quamdiu cardinales de novo Pontifice subrogando litigant, mea est administratio.

GENIUS: Ut adhuc vitae somnia somniat!

JULIUS: Sed iam aperi, inquam.

PETRUS: Ni merita narras, inquam, nihil agis.

JULIUS: Quae merita?

PETRUS: Dicam. Excelluisti doctrina sacra?

JULIUS: Minime; nec hoc vacabat, tot occupato bellis. Verum abunde satis est fratrum, si quid hoc ad rem pertinet.

PETRUS: Ergo vitae sanctimonia multos Christo lucrifecisti?

GENIUS: Tartaro quam plurimos.

PETRUS: Claruisti miraculis?

JULIUS: Obsoleta loqueris.

JULIUS: Irrtum! Solange die Kardinäle über die Wahl eines neuen Papstes herumstreiten, habe ich die ganze Kirche in der Hand.

GEIST: Er kann es nicht lassen, die Träume der Lebenden weiter zu träumen!

JULIUS: Also los, mach endlich auf, sage ich!

PETRUS: Und ich sage: Solang du nicht deine Verdienste aufsagst, kommst du hier keinen Schritt weiter.

JULIUS: Wie meinst du das: Verdienste?

PETRUS: Ich will sie dir nennen. Hast du dich in der Theologie besonders ausgezeichnet?

JULIUS: Natürlich nicht. Keine Zeit – das ist nichts für einen Mann, der mit so vielen Kriegen beschäftigt ist. Aber, wenn es dich interessiert: für so etwas gibt es jede Menge Ordensbrüder.

PETRUS: Dann hast du vielleicht durch heilige Lebensführung viele Menschen für die Sache Christi gewonnen?

GEIST: Für die Hölle, in hellen Scharen.

PETRUS: Oder hast du berühmte Wunder gewirkt?

JULIUS: Wie altmodisch du daherredest!

PETRUS: Pure orasti et assidue?

JULIUS: Quas nugas hic gannit.

PETRUS: Ieiuniis quoque vigiliisque corpus emacerasti?

GENIUS: Desine quaeso; frustra haec; apud hunc ne ludas operam.

PETRUS: Ego alias egregii Pontificis dotes non novi. Si is habet magis apostolicas, narret ipse.

JULIUS: Quamquam indigna res est Julium illum omnibus antehac invictum nunc Petro cedere, ut ne quid aliud dicam, piscatori ac paene mendico, tamen uti cognoscas cuiusmodi contemnas principem, audi iam paucis. Principio, Ligur sum, non, ut tu, Judaeus, cum quo mihi vel hoc tecum esse commune doleo, quod naviculator aliquando fuerim.

GENIUS: Nihil est quod graviter feras; nam hic quoque permultum interest, quod hic victus parandi gratia piscabatur, tu ad stipem exiguam scalmum remis subigebas.

PETRUS: Hast du immer fleißig und mit reinem Herzen gebetet?

JULIUS: Was für dummes Zeug er schwätzt, der alte Kläffer!

PETRUS: Und hast du dein Fleisch mit Fasten und Nachtwachen abgetötet?

GEIST: Ach gib's doch auf! Verlorene Liebesmüh! Bei dem da hast du keine Chance!

PETRUS: Ich kenne aber keine anderen Gaben, die einen ordentlichen Papst ausmachen. Wenn er welche besitzt, die noch apostolischer sind, soll er sie selbst aufzählen.

JULIUS: Obgleich es unter der Würde des großen, bislang unbesiegten Julius ist, jetzt einem Petrus nachzugeben, einem (gelinde gesagt) bloßen Fischer und halben Bettler, hör mir ruhig ein wenig zu, damit du weißt, was für einen Fürsten du hier beleidigst. Zunächst einmal: Ich bin ein Ligurer und nicht wie du ein Jude; und es ärgert mich, daß uns immerhin eines gemeinsam ist, denn auch ich habe früher mal ein Schifflein gefahren.

GEIST: Mach dir nichts draus; denn da gibt es einen großen Unterschied: er hat für seinen Lebensunterhalt gefischt, du aber hast deinen wackligen Kahn für einen Hungerlohn gerudert.

JULIUS: Deinde Sixti Pontificis vere maximi –

GENIUS: De vitiis sentit!

JULIUS: – e sorore nepos. Huius singulari favore meaque industria primum ad ecclesiasticas opes, deinde per gradus ad cardinalitii galeri fastigium sum evectus; post multis fortunae procellis exercitus, ac durissimis casibus sursum iactatus ac deorsum, ac praeter alios morbos comitiali quoque obnoxius; denique scabie quoque, quam Gallicam vocant, totus opertus; ad haec exul, invisus, damnatus, omnibus abiectus ac paene deploratus. Tamen ipse de summo pontificio spem nunquam abieci.
Ea erat animi fortitudo, cum tu mulierculae voce territus statim cesseris. Tibi mulier animum ademerat; mini mulier quaedam fatidica sive sortilega fiduciam hanc addiderat, quae quondam tot merso malis clam insusurravit in aurem, "Perdura Juliane! Nihil te pigeat vel facere vel pati. Olim triplici corona decoraberis. Eris

JULIUS: Ferner war der große Sixtus –,

GEIST: Groß an Lastern, will er sagen!

JULIUS: – ein wahrhaft herausragender Papst, mein Onkel mütterlicherseits. Durch seine besondere Gunst und meinen Eifer kam ich zuerst an die Macht- und Geldmittel der Kirche und schließlich, mit der Zeit, zur Würde eines Kardinalshutes. Danach wurde ich in vielen Schicksalsstürmen erprobt und durch die furchtbarsten Wechselfälle emporgehoben und wieder zu Boden geworfen. Ich hatte unter den verschiedensten Krankheiten zu leiden, darunter die Fallsucht, und schließlich überzog mich auch noch die sogenannte französische Seuche über und über mit ihren Geschwüren. Nicht genug damit: ich war verbannt, verhaßt, verdammt, von allen aufgegeben und in nahezu hoffnungsloser Lage. Trotz alledem habe ich die Hoffnung auf den Papsttitel niemals fahren lassen.
So sieht wahre Geistesstärke aus – während du, aus Angst vor der Stimme eines bloßen Weibleins, sofort gekniffen hast! Dir hat ein Weib allen Mut genommen; mich hat ein Weib, nämlich eine Wahrsagerin und Hellseherin, in meinem angeborenen Selbstvertrauen bestärkt, indem sie mir einmal, als ich in lauter Widrigkeiten zu versinken drohte, heimlich ins Ohr flüsterte: „Halte durch, du vom Stamm der Julier! Laß dich nicht unterkriegen, was immer du zu tun und zu leiden hast! Dafür wird dich dereinst die dreifache Krone schmücken. Dann

rex regum et dominus dominantium." Neque vero me fefellit vel mea spes, vel illius vaticinium. Huc quoque praeter omnium spem sum eluctatus, partim ope Gallorum, qui reiectum foverunt, partim inaestimabili vi pecuniarum, non absque multo conflata faenore; nec id absque ingenio tamen;

PETRUS: Quod Ingenium narras?

JULIUS: hoc est non absque promissis ex pacto sacerdotiis, atque in hoc repertis ex arte fideiussoribus; quandoquidem tam ingentem pecuniam vix Crassus ipse praesentem totam numerasset. Verum haec frustra tibi narro, quae ne quidem omnes intelligant mensarii. Habes quomodo pervenerim. Iam in pontificatu ita me gessi, ut nemo sit, non dicam priscorum illorum Pontificum qui solo titulo mihi videntur fuisse Pontifices, sed nec recentiorum, cui tantum Ecclesia, tantum Christus ipse debeat, quantum mihi.

GENIUS: Ut Thrasonem agit belua!

bist du der König der Könige, und der Herr aller Herrscher." Und wahrhaftig, weder meine Hoffnung noch ihre Prophezeiung hat mich getrogen. Ich habe mir gegen alle Erwartungen meinen Weg erkämpft, teils im Bund mit den Franzosen, die dem Ausgestoßenen Zuflucht gewährten, teils dank der unschätzbaren Macht des Geldes, das ich durch ausgiebige Wuchergeschäfte, aber nicht ohne eine gewisse Kunstfertigkeit, angehäuft hatte.

PETRUS: Welche Art von Kunstfertigkeit meinst du da?

JULIUS: Damit meine ich das Versprechen von Pfründen für die entsprechende Gegenleistung; und die gründliche Suche nach Bürgen für solche Zahlungen, da kaum ein Crassus diese ungeheueren Summen hätte bar auf den Tisch legen können. Aber wozu erzähle ich ausgerechnet dir diese Dinge, die ja kaum die Bankherren selber verstehen? Jetzt weißt du jedenfalls, wie ich hochgekommen bin. Und als ich dann erst einmal Papst war, habe ich mich so verhalten, daß es in der ganzen Schar keinen gibt – und da meine ich nicht nur die ursprünglichen Päpste, die wohl nur dem Namen nach welche waren, sondern auch die Päpste neueren Datums –, dem die Kirche, ja dem Christus selbst mehr zu verdanken hat als mir.

GEIST: Wie dieses Untier auch noch den Prahlhans spielt!

PETRUS: Exspecto quorsum evadas.

JULIUS: Nam multis officiis (sic enim vocant) novis repertis, non mediocriter auxi fiscum pontificium. Tum rationem inveni, ut citra simoniae vitium episcopatus emerentur. Nimirum constitutum est a maioribus meis, ut cui contigerit episcopatus, is deponat officium. Id ita sum interpretatus: "Deponere iuberis; at non deponitur quod non habes; emendum igitur quod deponas." Hac arte singuli episcopatus sena statim aut septena ducatorum milia adferebant, praeter illa quae ex more pro bullis extorquentur. Tum ex nova moneta, qua totam explevi Italiam, non exiguum emolumentum conflavi. Nec ulla cessavi parte in accumulandis pecuniis; nimirum intelligens absque his nihil recte geri, neque sacrum neque profanum. Et ut ad maiora veniam, Bononiam a Bentivolis occupatam Romanae sedi restitui. Venetos ante invictos omnibus Marte contudi. Ferrariae Ducem

PETRUS: Ich bin neugierig, wie du das begründen willst.

JULIUS: Durch die Erfindung vieler neuer Ämter und Würden (ja, so nennt man das) habe ich den päpstlichen Fiskus nicht unbeträchtlich bereichert. Und dann erfand ich noch ein Verfahren, um Bischofssitze ohne die Sünde der Simonie käuflich zu machen. Meine Vorgänger hatten nämlich bestimmt, daß jeder neuernannte Bischof sofort alle übrigen Ämter niederlegen müsse. Diese Bestimmung habe ich so interpretiert: „Niederlegen mußt du, aber du kannst nicht niederlegen, was du nicht hast. Also mußt du dir etwas kaufen, was du niederlegen kannst." Durch diesen Trick brachte jedes einzelne Bistum auf der Stelle sechs- bis siebentausend Dukaten ein; und dies noch zusätzlich zu den Gebühren, die wie üblich für die Ernennungsurkunden eingetrieben wurden. Und dann habe ich mit meinen neuen Münzen ganz Italien überschwemmt und dadurch gewaltige Profite eingefahren. Nie und nirgends bin ich darin müde geworden, Kapital anzuhäufen; schließlich wußte ich genau, daß ohne Geld gar nichts zu machen ist, nichts Heiliges und auch nichts Weltliches.
Aber jetzt zu wichtigeren Dingen. Bologna habe ich den Händen der Bentivogli entrissen und für den Heiligen Stuhl zurückgewonnen. Auch gelang es mir, das bislang von keiner Macht der Welt besiegte Venedig in einer Schlacht zu zermalmen. Und was den Herzog von Ferrara angeht, so habe ich ihn

diu male vexatum bello propemodum in nassam illexeram. Conciliabulum schismaticum simulato contra-concilio feliciter elusi, et clavum, quod dici solet, clavo pepuli. Postremo Gallos, tunc orbi formidabiles universo, ex universa Italia deturbavi; deturbaturus et Hispanos (nam huc ibam) nisi me fata terris eripuissent.

Atque hic quoque quam invictum praestiterim animum, vide. Gallis superioribus, latebras circumspectare coepi. Canam alebam barbam, rebus propemodum in desperationem adductis, cum repente nuntius affertur aureus, apud Ravennam aliquot Gallorum milia trucidata.
Ibi revixit Julius. Ad haec per triduum ferme pro mortuo habebar, etiam mihi; atque hic quoque rursum praeter omnium atque adeo meam etiam spem revixi. Tantum igitur valet mea vel auctoritas vel astutia, ut hodie nemo sit regum Christianorum, quem non ad arma concitaverim, ruptis, discissis, discussis foederibus omnibus quibus inter se fuerunt exactissime conciliati;

erst durch lange Kriege völlig zermürbt, und danach fast ins Verderben gelockt. Ein kirchenspalterisches Konzil habe ich gekonnt auf den Leim geführt, indem ich zum Schein ein Gegenkonzil einberief, und auf diese Weise, wie man so schön sagt, einen Nagel mit einem anderen herausgetrieben. Schließlich habe ich die Franzosen, die damals den ganzen Erdkreis in Schrecken versetzten, ganz und gar aus Italien hinausgeworfen. Ich war drauf und dran, auch noch die Spanier zu verjagen, und diesem Ziel schon nahe, als mich leider Gottes das Schicksal dem Erdenleben entriß.

Doch du sollst sehen, wie unbeugsam ich mir, selbst unter diesen Prüfungen, meinen Geist bis zuletzt erhalten habe. Als die Franzosen in der Schlacht die Oberhand gewannen, fing ich so langsam an, mich nach einem Versteck umzusehen. Da meine Lage beinahe hoffnungslos war, ließ ich mir schon einen weißen Bart wachsen – da kam plötzlich die goldene Nachricht, bei Ravenna seien ein paar tausend Franzosen abgeschlachtet worden. Sogleich erwachte der alte Julius zu neuem Leben. Kaum zu glauben, drei Tage lang galt ich den andern und sogar mir selbst schon als Todeskandidat; aber nein, wider alle Erwartung, selbst meine eigene, kam ich erneut auf die Beine. So groß ist die Macht meines Ansehens – oder auch meiner Schlauheit – , daß es heute keinen einzigen unter den Herrschern der Christenheit gibt, den ich nicht zum Kampf aufgehetzt hätte, wohlgemerkt, nachdem ich alle Verträge, durch die sie miteinander aufs engste verbunden

proximo quoque foedere, quod Cameraci inter me et Gallorum et Romanorum Regem aliosque coierat principes, ita abolito, ut eius ne mentio quidem unquam sit facta.

Super haec omnia, cum tantum aluerim exercitum, tot splendidissimos triumphos adornarim, tot exhibuerim ludos, tot locis aedificaverim, tamen moriens reliqui quinquagies centena milia ducatorum, maiora gesturus, si Judaeus ille medicus, qui diu mihi vitam arte sua prorogarat, amplius proferre potuisset. Atque utinam nunc quoque magus aliquis me in vitam restituat, quo egregiis coeptis meis colophonem liceat imponere. Tametsi moriens sedulo id curavi, ne bella per me toto orbe concitata componerentur, dedique operam ut pecuniae in eum dumtaxat usum essent incolumes: haec erat suprema vox animam exhalantis. Nunc et sic de Christo, sic de Ecclesia merito Pontifici gravare coeli fores aperire?

Atque haec magis admirabitur qui perpenderit me haec sola animi virtute

waren, durchkreuzt, zerfetzt und zerschlagen hatte; auch das jüngst zwischen mir, dem König von Frankreich, dem römischen Kaiser und anderen Fürsten zu Cambrai geschlossene Bündnis wurde so gründlich zu den Akten gelegt, daß heute keiner mehr ein Wort darüber verliert.

Und es kommt noch besser: obwohl ich eine so gewaltige Streitmacht zu unterhalten hatte, soviele glanzvolle Triumphe, soviele Feste gefeiert, an sovielen Orten große Bauten errichtet habe, hinterließ ich bei meinem Tod sage und schreibe fünf Millionen Dukaten! Und ich hatte noch größere Dinge vor – wenn jener jüdische Arzt, der mein Leben durch seine Kunst immer wieder verlängerte, es nur geschafft hätte, den Tod noch ein wenig in Schach zu halten. Ach wenn mich doch irgendein Magier ins Leben zurückrufen wollte, damit ich unter meine großartigen Unternehmungen den krönenden Schlußstrich setzen könnte! Immerhin habe ich noch auf dem Totenbett mit Nachdruck dafür gesorgt, daß die von mir auf der ganzen Welt angezettelten Kriege so bald nicht beigelegt werden und die für diesen guten Zweck zurückgelegten Gelder unangetastet bleiben. Dies war mein letztes Vermächtnis, ehe ich meine Seele aushauchte. Und du, weigerst du dich immer noch, einem Papst, der sich derart um Christus und um die Kirche verdient gemacht hat, die Himmelstür zu öffnen?

Ja, noch viel bewundernswerter wird meine Leistung, wenn man bedenkt, daß ich dies alles nur durch meine Seelenstärke zuwege gebracht habe,

perpetrasse, nullis aliis adiutum adminiculis quibus alii fere solent – non natalibus, cum ne ipse patrem norim, quod quidem ad gloriam meam dixerim; non forma, cum larvalem faciem omnes exhorruerint; non litteris, quas nunquam attigi; non corporis viribus, quod mihi tale contigit quale superius descripsi; non aetatis favore, senex haec gessi; non popularitate, nam nemo non oderat; non clementia, qui adeo fuerim inexorabilis, ut in eos quoque saevierim quibus alii solent omnia permittere;

PETRUS: Quid hoc rei est?

GENIUS: Hoc tametsi durum videtur, molle quiddam est.

JULIUS: sed reluctante fortuna, aetate, corpore, breviter diis atque hominibus, solo tamen animo fretus meo et pecuniis haec tanta paucis annis gessi, tanta relicta materia posteris ut sit quod agant vel in decimum annum. Haec de meipso verissime quidem,

ohne die üblichen Mittelchen, die anderen helfen, voranzukommen: Nicht durch hohe Geburt, da ich nicht einmal meinen eigenen Vater kannte – und das sage ich mit einem gewissen Stolz –; nicht durch körperliche Vorzüge, da alle vor meinem greulichen Aussehen zurückschauderten; nicht durch Gelehrsamkeit, die nie meine Sache war; nicht durch Leibeskraft, denn meine körperliche Beschaffenheit habe ich dir geschildert; auch nicht durch die Gunst der Jugend – als Greis erst habe ich all diese Taten vollbracht; noch durch allgemeine Beliebtheit, denn da war keiner, der mich nicht haßte; noch durch Freundlichkeit, denn ich war so grimmig, daß ich selbst gegen jene wütete, denen man üblicherweise alles erlaubt;

PETRUS: Was meint er damit?

GEIST: So hart es klingen mag, er meint doch eine weiche Sache.

JULIUS: – aber obgleich ich gegen ein widriges Geschick zu kämpfen hatte, gegen das Alter, und dazu gegen den eigenen Leib, kurz gegen Götter und Menschen, habe ich doch, einzig im Vertrauen auf meinen Geist und mein Geld, in wenigen Jahren all diese großen Dinge ins Werk gesetzt und der Nachwelt soviel Stoff hinterlassen, daß sie damit noch an die zehn Jahre zu schaffen haben wird. Nur soviel sei also über mich selbst gesagt, alles vollkommen wahrheitsgetreu und mit äußerster

sed modestissime dixi; quae si quis eorum qui Romae solent apud me dicere suis phaleris exornasset, deum audires, non hominem.

PETRUS: Invictissime bellator, quoniam mihi nova et inaudita sunt omnia quae narras, quaeso veniam hanc meo des vel stupori vel imperitiae, ne molestum sit crassius de singulis percunctanti respondere. Qui sunt isti candidi comatulique?

JULIUS: Hos quidem animi causa alebam.

PETRUS: Qui nigri isti et cicatricosi?

JULIUS: Milites sunt ac duces, qui mea et Ecclesiae causa fortiter in bello mortem oppetierunt, partim in expugnanda Bononia, complures in proelio adversus Venetos, plerique apud Ravennam; quibus omnibus vel ex pacto debetur coelum, siquidem iampridem magnis bullis sum pollicitus recta in coelum evolaturos quicunque Julii auspiciis pugnarent, etiam quaecunque vita praecessisset.

Bescheidenheit; wenn es aber einer meiner üblichen Lobredner in Rom mit seinem rhetorischen Zierat ausgeschmückt hätte, so würdest du die Geschichte eines Gottes, nicht eines Menschen, vernehmen.

PETRUS: Du unüberwindlichster aller Kampfhähne, alles was du da erzählst, klingt für mich so neu und unerhört, daß ich dich um Verzeihung für meine törichte Unerfahrenheit bitten muß; laß es dich nicht verdrießen, mir auf meine etwas plumpen Fragen nach ein paar weiteren Einzelheiten Bescheid zu geben. Wer sind denn die bläßlichen Leute dort mit den ziemlich langen Haaren?

JULIUS: Die habe ich mir zu meinem besonderen Vergnügen gehalten.

PETRUS: Und diese schwärzlichen Narbengesichter?

JULIUS: Das sind die Söldner und ihre Anführer, die für meine Sache, und natürlich auch für die Kirche, tapfer den Schlachtentod erlitten haben: manche bei der Eroberung von Bologna, mehr noch im Kampf gegen die Venezianer, die allermeisten bei Ravenna. Und ihnen allen steht nach spezieller Vereinbarung der Himmel zu, denn längst schon habe ich in mächtigen Bullen verheißen: Wer unter den Auspizien des Julius gekämpft hat, darf auf direktem Weg in den Himmel fahren – wie wüst auch immer er zuvor gelebt hat.

PETRUS: Proinde quantum coniectura consequor, ex istis erant qui mihi saepius ante tuum adventum molesti fuerunt, dum huc tantum non vi conarentur irrumpere, plumbeas quasdam bullas ostentantes.

JULIUS: Ergo non admisisti, quantum audio?

PETRUS: Ego ne? ne unum quidem istius sane generis. Nam ita me docuit Christus, has fores aperiendas non his qui plumbo graves huc adducunt bullas, sed qui nudos vestierunt, esurientes paverunt, sitientibus potum dederunt, captivos inviserunt, peregrinos collegerunt. Etenim si eos quoque voluit excludi qui in nomine suo prophetarint, qui daemonia eiecerint, qui signa fecerint, tu censes admittendos qui tantummodo huc afferunt bullam Julii nomine?

JULIUS: Quid si scissem!

PETRUS: Intelligo, si quis ab inferis reversus ea tibi nuntiasset, bellum indixisses mihi?

PETRUS: Aha, jetzt geht mir ein Licht auf! Das müssen die Leute gewesen sein, die mir bereits vor deiner Ankunft immer wieder auf den Geist gingen, weil sie fast schon gewaltsam versuchten, hier einzudringen, und dabei irgendwelche bleischweren Bullen schwangen.

JULIUS: Du hast sie also nicht eingelassen, wie ich höre?

PETRUS: Ich? Auch nicht einen aus der ganzen Bande! Denn Christus hat mich angewiesen, dieses Tor nicht jenen zu öffnen, die bleisiegelbehängte Bullen heranschleppen, sondern denen, die die Nackten gekleidet, die Hungernden gespeist, die Dürstenden getränkt, die Gefangenen getröstet und die Fremden aufgenommen haben. Wollte er denn nicht sogar diejenigen draußen haben, die in seinem Namen Weissagungen verbreiteten, Teufel austrieben und irgendwelche Wunder wirkten? Und da meinst du, wir müßten alle hereinlassen, die nichts weiter mitbringen als so eine Bulle, unterzeichnet von Herrn Julius?

JULIUS: Wenn mir das jemand gesagt hätte – !

PETRUS: Ich weiß: wenn dir das irgendein Heimkehrer der Hölle gemeldet hätte – du würdest mir glatt den Krieg erklärt haben.

JULIUS: Quin et excommunicassem.

PETRUS: Sed perge, cur armatus ipse?

JULIUS: Quasi nescias summo Pontifici utrumque esse gladium; aut nisi velis bellare nudum.

PETRUS: Ego sane cum istum tenerem locum, nullum novi gladium nisi gladium spiritus, quod est verbum Dei.

JULIUS: At non idem praedicat Malchus, cuius auriculam absque gladio amputasti credo.

PETRUS: Memini et agnosco; sed tunc pro magistro Christo pugnabam, non pro me, pro vita Domini, non pro nummis aut ditione saeculari; et pugnabam nondum Pontifex, promissis dumtaxat clavibus, nondum acceptis, nondum accepto spiritu sancto; et tamen iussus sum recondere ut palam admonerer hoc pugnae genus non convenire sacerdotibus, immo ne Christianis quidem. Verum haec alias.

JULIUS: Und außerdem hätte ich dich exkommuniziert!

PETRUS: Aber sag mir doch: warum bist du selber in Waffen?

JULIUS: Du wirst doch wohl wissen, daß der Papst von Amts wegen beide Schwerter führt; hättest du denn Lust, unbewaffnet zu kämpfen?

PETRUS: Was mich betrifft: als ich diese Stellung innehatte, brauchte ich kein Schwert außer dem Schwert des Geistes, und das heißt, dem Wort Gottes.

JULIUS: Aber Malchus wird das kaum bestätigen können, dem du ein Öhrchen abgehauen hast – vermutlich ganz ohne Schwert.

PETRUS: Ich habe das nicht vergessen und gebe es zu. Doch damals kämpfte ich für Christus, meinen Meister, und nicht für mich selbst; es ging mir um das Leben des Herrn, nicht um Mammon oder um weltliche Macht. Und ich kämpfte nicht als Pontifex: die Schlüssel waren mir erst verheißen, aber noch nicht ausgehändigt, und den Heiligen Geist hatte ich noch nicht empfangen. Trotzdem wurde mir befohlen, das Schwert einzustecken – eine deutliche Mahnung, daß Raufereien dieser Art sich weder für Priester schicken noch überhaupt für Christenmenschen. Doch darüber reden wir ein andermal. Jetzt sage mir: warum machst du

Cur tam accurate te Ligurem esse praedicas? quasi quicquam hoc ad Christi vicarium pertineat, qua gente sit oriundus.

JULIUS: Immo summam existimo pietatem, gentem meam nobilitare: proinde titulum hunc numismatis, statuis, fornicibus ac parietibus omnibus inscribo.

PETRUS: Ergo patriam novit qui patrem non novit? At ego initio putabam te de coelesti Hierusalem, credentium patria, loqui, deque illius unico principe, cuius optant illi sanctificari, hoc est illustrari nomen. Sed cur addis "Sixti ex sorore nepotem"? Quem quidem hominem demiror nunquam huc accessisse, praesertim cum et summus fuerit Pontifex et tibi tanto duci cognatus. Quare dic obsecro, quid hominis fuit? sacerdosne?

JULIUS: Immo miles egregius; tum eximiae religionis, nempe Franciscanae.

PETRUS: Equidem Franciscum vidi quondam virum inter laicos optimum, opum, voluptatis, ambitionis summum contemptorem. An pauperculus ille tales nunc habet satrapas?

eigentlich soviel Aufhebens davon, daß du ein Ligurer bist? Als ob es beim Stellvertreter Christi auf den Volksstamm ankäme!

JULIUS: Ganz im Gegenteil – ich halte es für die höchste Form von Pietät, mein Volk zu erhöhen; deswegen lasse ich diesen Titel auf alle Münzen, Statuen, Bordelltorbögen und Mauerwerke setzen.

PETRUS: Also kennt wenigstens sein Vaterland, wer seinen Vater nicht kennt. Und ich dachte erst, du meintest damit das Himmlische Jerusalem, die Heimat derer, die da glauben, und seinen alleinigen Herrscher, in dessen Namen sie hoffen, geheiligt, das heißt, wahrhaft erhöht zu werden. Aber warum fügst du hinzu „Sixtus, mein Onkel mütterlicherseits"? Ich wundere mich sehr darüber, daß der Mann hier noch nicht aufgetaucht ist, wo er doch Papst war und mit einem so großen Feldherrn wie dir verwandt. Also wüßte ich gern: Was für ein Mensch war er? Ein Priester?

JULIUS: Das nicht unbedingt, aber dafür ein hervorragender Heerführer, und dazu noch Angehöriger eines berühmten Ordens, nämlich Franziskaner.

PETRUS: Einen Franziskus habe ich allerdings vor einiger Zeit schon kennengelernt: mit seiner völligen Verachtung für Reichtum, Lust und Ehrgeiz war er der beste von allen Laienbrüdern. Hat ein derart bescheidener Mann jetzt solche Statthalter?

JULIUS: Tu quantum video, nolis quemquam ad meliora proficere: pauper erat et Benedictus, cum huius posteri nunc adeo divites sint ut nos etiam illis invideamus.

PETRUS: Pulchre! Sed ad rem redito, de Sixti nepote.

JULIUS: Consulto id facio nimirum ut obturem os illis qui me ex illo prognatum affirmant, nimium libere.

PETRUS: Libere, scilicet num et vere?

JULIUS: Atqui non est istud e pontificia dignitate, cuius ubique habenda est ratio.

PETRUS: At ipsa sui rationem ita demum rectissime mihi videtur habitura, si nihil admittat quod iure possit opprobari. Sed obtestor per pontificiam maiestatem, dic mihi bona fide, est ne ista iam via vulgaris ac sollemnis ad summum pontificium perveniendi, quam modo depingebas?

JULIUS: Aliquot iam saeculis haud fuit alia, nisi forte qui mihi successurus est alia

JULIUS: Ich sehe schon, du gönnst es niemandem, daß er ein bißchen im Leben vorankommt. Auch Sankt Benedikt war einmal bettelarm, und heute ist seine Gefolgschaft so reich, daß sogar Wir sie beneiden.

PETRUS: Bravo! Doch zurück zu unserem Thema: warum du dich als Neffe des Sixtus ausgibst.

JULIUS: Ich verkünde das natürlich mit Absicht, um denen das Maul zu stopfen, die allzu dreist behaupten, ich sei in Wirklichkeit sein Sohn.

PETRUS: Ganz schön dreist – aber stimmt es denn?

JULIUS: Jedenfalls stünde es nicht in Einklang mit der päpstlichen Würde, auf die man doch in allen Dingen Rücksicht zu nehmen hat.

PETRUS: Diese Würde, denke ich, rechtfertigt sich am besten dadurch, daß sie sich nichts zuschulden kommen läßt, was ihr Schimpf und Schande einträgt. Aber im Namen der päpstlichen Majestät, verrate mir doch bitte frei von der Leber weg: Ist der Weg, den du da gerade geschildert hast, heutzutage schon der gängige und allgemein akzeptierte, um zur Papstwürde aufzusteigen?

JULIUS: Seit Jahrhunderten gibt es keinen anderen mehr, aber vielleicht wird ja mein Nachfolger auf

creabitur via. Nam ipse summum assecutus pontificium statim edita formidabili bulla cavi, ne quis simili ratione ad eum honorem penetraret. Eam bullam et pauloante mortem renovavi. Quantum sit valitura, viderint alii.

PETRUS: Opinor neminem rectius id malum describere potuisse; sed illud miror, quemquam inveniri qui munus hoc velit suscipere, praesertim cum tot occupationibus sit, ut audio, obnoxium, et tanto negotio ad id sit eluctandum. Nam me Pontifice vix quisquam vi poterat adigi, ut presbyteri aut diaconi susciperet honorem.

JULIUS: Neque mirum adeo; nam illis temporibus census episcoporum et praemium nihil aliud erat quam labores, vigiliae, ieiunia, doctrina, saepenumero mors; nunc regnum est ac tyrannis. Et quis pro regno, si spes sit, non dimicet?

PETRUS: Sed age, quid Bononia? Num a fide desciverat, ut fuerit sedi Romanae restituenda?

andere Weise gewählt werden. Denn sobald ich das Pontifikat erlangte, habe ich durch eine furchteinflößende Bulle Vorsorge getroffen, daß niemand mehr auf demselben Weg zu dieser Ehre kommt; noch kurz vor meinem Tod habe ich diese Bulle erneuert. Für ihre Wirksamkeit mögen andere Sorge tragen.

PETRUS: Sicher hätte niemand auf der Welt dieses Übel treffender beschreiben können als du. Aber eines überrascht mich doch: daß sich überhaupt noch jemand findet, der dieses Amt auf sich nimmt, da es offenbar mit soviel Anstrengung verbunden ist und so hart erkämpft werden muß. Damals als ich Pontifex war, konnte kaum einer, und wenn man ihn noch so sehr drängte, dazu gebracht werden, das Amt eines Ältesten oder Diakons zu übernehmen.

JULIUS: Kein Wunder; denn zu jener Zeit bestand der Lohn und das Vermögen der Bischöfe nur in Mühsal, Nachtwachen, Fasten, Studieren, und nicht selten im Märtyrertod; jetzt aber in Macht und unumschränkter Herrschaft. Und wer würde nicht für Herrschaft kämpfen, wenn er die Aussicht hätte, sie zu erlangen?

PETRUS: Lassen wir das – aber wie war es denn mit Bologna? War die Stadt etwa vom Glauben abgefallen, so daß man sie für den Heiligen Stuhl zurückerobern mußte?

JULIUS: Bona verba! non hoc agebatur.

PETRUS: Fortasse Bentivolo male administrante marcebat respublica?

JULIUS: Immo maxime florebat, at ea civitas multis aedificiis aucta et illustrata; et eam ob rem impensius inhiabam.

PETRUS: Intelligo; praeter ius igitur invaserat?

JULIUS: Ne hoc quidem; ex pacto possidebat.

PETRUS: Cives ergo non ferebant eum principem?

JULIUS: Immo mordicus illum tenebant; me aversabantur fere universi.

PETRUS: Quid igitur causae?

JULIUS: Nempe quod ille sic administrabat, ut ex immensa pecunia quam a civibus colligebat, vix paucula milia ad nostrum redirent fiscum. Praeterea sic expediebat ad id quod tum temporis agitabam animo. Itaque Gallis operam navantibus et

JULIUS: Unsinn! Darum ging es doch nicht.

PETRUS: Hat Bentivoglio so schlecht regiert, daß das Staatswesen darniederlag?

JULIUS: Nein, im Gegenteil, es stand in schönster Blüte. Er hatte die Stadt gerade durch zahlreiche Bauwerke vergrößert und verschönert, weshalb ich sie nur umso heftiger begehrte.

PETRUS: Ich verstehe. Dann hatte er sie also widerrechtlich in Besitz?

JULIUS: Auch das nicht. Er besaß sie auf Grund eines Vertrags.

PETRUS: Dann müssen wohl die Bürger unter seiner Herrschaft gelitten haben?

JULIUS: Ganz und gar nicht – sie hingen an ihm wie die Kletten; mich haben sie fast durchweg verabscheut.

PETRUS: Was kann also der Grund gewesen sein?

JULIUS: Einfach der, daß dank seiner umsichtigen Leitung der Geschäfte von den durchaus üppigen Steuern, die er erhob, nicht mehr als ein paar lausige Tausender in Unsere Kasse flossen. Außerdem paßte die Sache gut in meine damaligen Pläne. Also habe ich mit williger Unterstützung der Fran-

nonnullis meo fulmine territis, profligato Bentivolo cardinales et episcopos urbi praefeci, ut nulla pars emolumentorum non rediret ad usus Ecclesiae Romanae. Ad haec titulus et imperii dignitas ante penes illum esse videbatur. Nunc undique nostrae visuntur statuae; nostri leguntur tituli; nostra adorantur trophaea; iam passim et Julius saxeus stat et aeneus. Denique si spectasses quam regali triumpho Bononiam sim ingressus, fortasse contemneres omnes Octaviorum ac Scipionum triumphos, et intelligeres me non absque causa tam strenue pro Bononia dimicasse, vereque spectasses eodem tempore et militantem et triumphantem Ecclesiam.

PETRUS: Ergo te regnante, quantum intelligo, contigit illud quod orare nos iusserat Christus, "Adveniat regnum tuum." Iam vero Veneti quid admiserant?

JULIUS: Primum graecissabant, ac me propemodum pro delectamento habebant, nihil non convitiorum in me iacientes.

PETRUS: Verorum an falsorum?

zosen (einige waren auch durch meinen Blitzstrahl verschreckt) Bentivoglio davongejagt und ein Kardinals- und Bischofsregiment eingesetzt, damit auch noch der kleinste Teil der Einkünfte zu Nutz und Frommen der Kirche diente. Zuvor waren Titel und Würde der Herrschaft weithin sichtbar mit Bentivoglio verbunden; jetzt stehen auf allen Plätzen Unsere Statuen, überall liest man Unsere Titel, werden Unsere Siegeszeichen verehrt: auf Schritt und Tritt begegnet einem Julius in Stein und Erz. Kurz und gut, wenn du gesehen hättest, mit welch königlichem Triumph ich in Bologna einzog, dann hättest du ziemlich sicher auf alle Triumphe der Octavier und Scipionen herabgesehen und begriffen, daß ich aus gutem Grund so heiß um Bologna gekämpft habe; und du hättest gleichzeitig die Kämpfende und die Triumphierende Kirche erlebt.

PETRUS: Dann ist es wohl, wenn ich recht sehe, deine Herrschaft, für die uns Christus beten hieß „Dein Reich komme“? Doch jetzt zu den Venezianern: was hatten die denn verbrochen?

JULIUS: Erst griffen sie zu üblen griechischen Tricks, und dann verhöhnten sie mich auch noch, indem sie mich mit Schmähungen überschütteten.

PETRUS: Zurecht oder zu unrecht?

JULIUS: Quid refert? Sacrilegium est de Romano Pontifice vel mutire, nisi in laudem. Denique sacerdotia suo conferebant arbitratu; nullas lites huc transferri patiebantur; nullas commercabantur dispensationes. Quid multis opus est? Intolerabili iactura Romanam sedem affligebant, quippe qui non exiguam insuper patrimonii tui partem occuparent.

PETRUS: Mei patrimonii? Quod obsecro mihi narras patrimonium, qui relictis omnibus nudum Christum nudus sum secutus?

JULIUS: Aliquot inquam oppida sedi Romanae debita: sic enim peculiarem illam possessionum suarum partem sanctissimis patribus placuit appellare.

PETRUS: Mea quidem infamia probe vestris lucris consulitis. Hanc igitur appellas iacturam intolerabilem?

JULIUS: Quid ni?

PETRUS: Verum corrupti mores erant? Refrixerat pietas?

JULIUS: Als ob es darauf ankäme! Es ist ein Sakrileg, über den römischen Papst auch nur zu tuscheln, es sei denn, um ihn zu loben. Außerdem verteilten sie Pfründen in eigener Regie; sie ließen nicht zu, daß ihre Streitigkeiten vor Unsere Gerichte kamen; sie kauften keinen Ablaß. Muß ich noch mehr sagen? Sie fügten darüber hinaus dem Heiligen Stuhl unerträglichen Schaden zu, indem sie einen erklecklichen Teil deines Patrimoniums an sich rissen.

PETRUS: Meines Patrimoniums? Sag mir doch bitte einmal, von welchem Erbe du redest. Habe ich nicht alles im Stich gelassen, um armselig dem armen Christus nachzufolgen?

JULIUS: Ich meine da so einige Städte, die dem Römischen Stuhl zugeschlagen wurden: den hochheiligen Vätern beliebte es nämlich, diesen besonderen Teil ihrer Besitztümer „Patrimonium Petri“ zu nennen.

PETRUS: Indem ihr mich in Verruf bringt, befriedigt ihr ordentlich eure eigene Habgier. Also diesen Verlust nennst du unerträglich?

JULIUS: Sicher – wie denn sonst?

PETRUS: Aber waren die Sitten der Leute denn so korrupt? War ihre Frömmigkeit erkaltet?

JULIUS: Apage, de nugis agis. Immo detrahebantur nobis infinita ducatorum milia, quot vel legioni militum alendae sufficiunt.

PETRUS: Magna sane iactura faeneratori. At Ferrariensis ille, quid tandem designarat?

JULIUS: Quid ille homo omnium hominum ingratissimus? Hunc honorem eum habuerat ille Christi vicarius Alexander ut alteram filiam illi daret uxorem; addidit dotis nomine luculentissimam ditionem, homini alioqui ignavo; tamen immemor tantae humanitatis semper oblatrabat mihi, simoniacum, paederasten ac commotae mentis hominem dictitans; et insuper vectigalia nonnulla vindicabat, non illa quidem maxima, tamen haudquaquam aspernanda diligenti pastori;

GENIUS: Immo negotiatori.

JULIUS: Ad haec, quod verius ad rem pertinet, expediebat et hoc ad id quod parabam, hoc imperii nostrae ditioni copulari, propter situs opportunitatem. Proinde conatus sum, hoc deturbato,

JULIUS: Geh zu, laß diese Kindereien. Das Entscheidende ist doch, daß Wir dabei um viele viele tausend Dukaten geprellt wurden – genug um ein ordentliches Regiment Soldaten zu unterhalten.

PETRUS: Wahrhaftig, ein Riesenverlust für einen Wucherer! Aber der Fürst von Ferrara, was hatte der denn angestellt?

JULIUS: Dieser Mensch? Der undankbarste aller Menschen! So hohe Ehre hat ihm Alexander, der Stellvertreter Christi, erwiesen, daß er ihm seine zweite Tochter zur Gattin gab, und dazu noch als Mitgift einen ansehnlichen Herrschaftsbereich – und dies einem Manne von untätigem Wesen! Trotz alledem, und ohne Sinn für soviel Menschenfreundlichkeit, hat er mich immerzu angekläfft, nannte mich mehrfach einen Simonisten und Päderasten und sogar einen Geistesverwirrten! Dazu beanspruchte er auch noch gewisse Einkünfte – nicht von größter Wichtigkeit, Gott bewahre, aber doch keineswegs zu verschmähen für einen gewissenhaften Hirten; –

GEIST: sprich: Geschäftsmann –

JULIUS: außerdem, und das tut mehr zur Sache, kam es meinen eigenen Vorhaben ganz gelegen, dieses Fürstentum seiner strategisch günstigen Lage wegen meinem Besitz einzugliedern. So versuchte ich, kaum hatte ich den Fürsten vertrieben, seine

ditionem eam meo cognato conferre, viro strenuo et quidvis pro dignitate Ecclesiae ausuro, ut qui nuper suapte manu Cardinalem Papiensem in meam gratiam confoderit; nam filiae maritus sua sorte contentus est.

PETRUS: Quid audio? Uxores ac liberos habent summi Pontifices?

JULIUS: Suas quidem uxores non habent. Liberos autem habere quid monstri est, cum sint viri, non eunuchi?

PETRUS: Sed quae tandem res excitarat schismaticum illud conciliabulum?

JULIUS: Perlongum fuerit rem a prima repetere origine; dicam summatim. Iam quosdam taedere coeperat Romanae curiae. Aiebant turpi quaestu, prodigiosis ac nefandis libidinibus, veneficiis, sacrilegiis, caedibus, simoniacis nundinis undique inquinata esse omnia. Meipsum aiebant simoniacum, temulentum, spurcum, mundano turgidum spiritu, ac modis omnibus eum qui locum illum indignus cum summa reipublicae Christianae pernicie occuparem.

Herrschaft einem meiner Verwandten zuzuschanzen, einem tatkräftigen Mann, bereit, im Dienste der Kirche alles mögliche zu wagen: erst kürzlich hat er mir zuliebe den Kardinal von Pavia mit eigener Hand erdolcht. Denn als Gatte meiner Tochter hat er eine gute Partie gemacht.

PETRUS: Was muß ich hören? Die Päpste haben neuerdings Ehefrauen und Kinder?

JULIUS: Nun ja, eigene Ehefrauen zwar nicht gerade; aber ist es so unnatürlich, daß sie Kinder haben? Schließlich sind sie ja Männer und keine Eunuchen.

PETRUS: Nun sage mir noch: Wieso ist es damals zu jenem kirchenspalterischen Konzil gekommen?

JULIUS: Es würde viel zu lange dauern, wollte ich dir das von Anfang an klarmachen. Daher in aller Kürze: Es gab da einige Leute, denen die Römische Kurie mehr und mehr zuwider war. Sie sei ganz und gar beschmutzt durch schändliche Habsucht, so wurde behauptet, durch ausschweifende und unnatürliche Lüste, durch Giftmischerei, Sakrileg, Mord und simonistischen Handel auf allen Seiten. Sogar mich, ja mich! nannte man einen Simonisten, Säufer und Schmutzfink, geschwollen vom weltlichen Ungeist, und in jeder Hinsicht unwürdig, dieses Amt zu bekleiden, das ich zum schrecklichen Unheil der gesamten Christenheit innehätte. Um

Itaque generali concilio succurrendum esse rebus tam afflictis. Addebant adiuratum me ut post acceptum honorem intra biennium generale concilium indicerem, hac lege creatum Pontificem.

PETRUS: Atque id vere dictum?

JULIUS: Immo factum. At ipse me ab eo iureiurando, cum visum est, absolvi. Quis autem dubitet vel quidvis deierare, cum de regno agitur? In aliis colenda pietas, ut eleganter ille dixit Julius alter ego. Sed audaciam hominum specta; vide quorsum evadant. Desciscunt cardinales novem; denuntiant mihi concilium; invitant; orant ut praesideam. Cum non impetrant, indicunt universis, auctore Maximiliano tanquam imperatore (quod historiae testentur olim ab imperatoribus Romanis concilium indici solere), auctore item Gallorum Rege Lodovico eius nominis duodecimo, horresco referens, ac tunicam illam Christi inconsutilem conantur discindere, quam ii quoque reliquerunt integram qui Christum crucifixerunt.

diesem verheerenden Zustand abzuhelfen, müsse ein allgemeines Konzil einberufen werden. Und dann fügten sie noch hinzu, ich hätte mich eidlich verpflichtet, zwei Jahre nach meiner Amtseinführung ein solches Konzil abzuhalten; nur unter dieser Bedingung sei ich überhaupt zum Papst gewählt worden.

PETRUS: Und sagten sie damit die Wahrheit?

JULIUS: Aber sicher. Doch als es mir ratsam schien, habe ich mich selbst von diesem Eid entbunden. Denn wer würde zögern, das Blaue vom Himmel herunter zu schwören, wenn die eigene Herrschaft auf dem Spiel steht? In allen anderen Angelegenheiten darf man ruhig Treu und Glauben pflegen, wie es der große Julius, mein anderes Ich, so witzig formuliert hat. Aber stell dir die Dreistigkeit dieser Leute vor und schau, was dann passiert ist! Neun Kardinäle fallen von mir ab; sie kündigen *mir* ein Konzil an! Laden mich dazu ein und tragen mir den Vorsitz an. Als sie damit abblitzen, rufen sie es in alle Welt aus, und zwar im Namen Maximilians in seiner Eigenschaft als Kaiser (weil angeblich die Geschichtsbücher bezeugten, daß früher einmal die Konzile von den römischen Kaisern einberufen wurden) und zugleich im Namen Ludwigs XII., des Königs der Franzosen (ich berichte das mit Schaudern): So suchten sie den nahtlosen Rock Christi zu zerreißen, den selbst jene unangetastet ließen, die ihn gekreuzigt haben.

PETRUS: Sed eras istiusmodi qualem illi praedicabant?

JULIUS: Quid ad rem? Summus eram Pontifex. Finge me vel Cercopibus sceleratiorem, vel Morycho stultiorem, vel indoctiorem stipite, spurciorem Lerna; quisquis hanc tenet potentiae clavem, eum decet ut Christi vicarium revereri, ut sanctissimum suspicere.

PETRUS: Etiam aperte malum?

JULIUS: Vel apertissime. Quare non ferendum, ut is qui Dei vicem agit in terris, omnino Deum quendam inter homines praestat, a quopiam homuncione reprehendatur aut conviciis violetur.

PETRUS: Atqui reclamat sensus communis, ut bene sentiamus de eo quem palam scelerosum cernimus, aut bene loquamur de eo de quo mala sentimus.

JULIUS: Cogitet quisque quod volet, modo bene loquatur, aut certe sileat. Porro reprehendi non potest Romanus Pontifex, nec a concilio generali.

PETRUS: Aber warst du wirklich so, wie sie dich geschildert haben?

JULIUS: Und wenn schon! Ich war schließlich der Papst. Stell dir vor, ich sei verruchter als die Kerkopen, noch dümmer als Morychus, ungebildeter als ein Holzklotz, und schmutziger als die Lerna: wer immer diesen Schlüssel zur Macht besitzt, den muß man als Christi Stellvertreter verehren und zu ihm als dem heiligsten der Menschen aufsehen.

PETRUS: Auch bei offenkundiger Schlechtigkeit?

JULIUS: Und läge sie sperrangelweit offen zu Tage! Deswegen ist es untragbar, daß derjenige, der Gott auf Erden vertritt – und überhaupt so etwas wie einen Gott unter den Menschen darstellt – von irgendeinem dahergelaufenen Menschlein kritisiert oder durch Schmähungen gekränkt wird.

PETRUS: Und doch erhebt der gesunde Menschenverstand Einspruch dagegen, jemanden für gut zu halten, dessen Schandtaten wir offenen Auges sehen, oder gut über einen zu sprechen, von dem wir lauter Böses hören.

JULIUS: Jeder kann gerne denken was er will, solange er sich positiv äußert, oder wenigstens den Mund hält. Kurz und gut: Kritik am Römischen Papst ist unzulässig, selbst dann, wenn sie von einem allgemeinen Konzil kommt.

PETRUS: Unum hoc scio, qui Christi vicem sustinet in terris debere quam potest illi simillimum esse, atque ita vitam omnem peragere, ne quid in eo possit reprehendi, neve quisquam merito de illo male loqui queat. Male vero cum Pontificibus agitur, si, ut bene de se loquantur homines, minis extorquent potius quam bene factis impetrant; quos nisi mentiendo laudare non possis; quorum summa gloria sit hominum male sentientium coactum silentium. Verum illud mihi responde, nulla ratione potest amoveri scelerosus ac pestilens Pontifex?

JULIUS: Ridiculum: a quo amoveretur qui summus est?

PETRUS: Atqui ob istud ipsum maxime debebat amoveri, quia summus; nam quo maior, eo perniciosior. Si mundanae leges imperatorem male rempublicam administrantem non solum abdicant, verum etiam capitis afficiunt supplicio, quaenam est tam infelix Ecclesiae conditio, ut Romanum Pontificem omnia subvertentem ferre cogatur, nec ullo pacto possit publicam pestem depellere?

JULIUS: At si corrigendus est Romanus Pontifex, per concilium corrigatur oportet; porro concilium nullum cogi potest invito

PETRUS: Ich weiß nur eines: Wer auf Erden die Stelle Christi vertritt, muß ihm – soweit er es vermag – möglichst ähnlich sein und sein Leben so einrichten, daß es nichts an ihm auszusetzen gibt und niemand Grund hat, übel von ihm zu reden. Aber es ist etwas faul mit jenen Päpsten, die die gute Meinung der Menschen durch Drohungen erpressen, statt sie sich durch gute Taten zu verdienen; wenn man sie nur verlogen loben kann und ihr höchster Ruhm im erzwungenen Schweigen der Kritiker liegt. Aber gib mir noch auf eine Frage Bescheid: kann denn ein ruchloser und verheerender Papst auf gar keine Weise abgesetzt werden?

JULIUS: Lächerlich – von wem denn, wo er doch der Höchste ist?

PETRUS: Aber das wäre doch gerade der beste Grund für seine Absetzung: daß er der Höchste ist – je höher, desto verderblicher! Wenn die weltlichen Gesetze nicht nur erlauben, einen Herrscher, der den Staat schlecht regiert, abzusetzen, sondern sogar, ihn hinzurichten, wie unselig muß dann der Zustand der Kirche sein, da sie gezwungen ist, einen Römischen Papst auszuhalten, der das Unterste zu oberst kehrt, ohne die geringste Aussicht, sich diese öffentliche Pest vom Hals zu schaffen!

JULIUS: Aber wenn der Römische Papst zurechtgewiesen werden soll, dann kann dies nur durch ein Konzil geschehen; und ein Konzil kann nie und

Pontifice, alioqui conciliabulum sit, non concilium. Quod si maxime cogatur, nec statui quicquam potest refragante Pontifice. Denique restat extremum praesidium, absoluta potestas, qua longe iam superior est unus Pontifex universo concilio. Ceterum summoveri sacerdotio non potest ob quodvis crimen.

PETRUS: Non ob homicidium?

JULIUS: Nec ob parricidium.

PETRUS: Non ob fornicationem?

JULIUS: Bona verba! immo ne ob incestum quidem.

PETRUS: Non ob simoniacam impietatem?

JULIUS: Non vel ob sexcentas.

PETRUS: Non ob veneficium?

JULIUS: Ne ob sacrilegium quidem.

PETRUS: Non ob blasphemiam?

nimmer gegen den Willen des Papstes erzwungen werden, sonst wäre es nichts weiter als ein Witz von einem Konzil. Und wenn so eines wirklich mit aller Gewalt auf die Beine gestellt würde, dann könnte es doch gegen das Veto des Papstes nichts beschließen. Daher bleibt ihm letzten Endes immer als Bollwerk die absolute Gewalt, wodurch der Papst als einzelner weit höher steht als jedes Konzil in seiner Gesamtheit. Ergo kann er auch sein Priesteramt durch keinerlei Verbrechen verlieren.

PETRUS: Nicht einmal durch Mord?

JULIUS: Nein – und wenn es ein Vatermord wäre.

PETRUS: Auch nicht wegen Hurerei?

JULIUS: Du beliebst zu scherzen! Nicht einmal wegen Blutschande.

PETRUS: Auch nicht wegen simonistischer Gottlosigkeit?

JULIUS: Nicht einmal in aberhundert Fällen.

PETRUS: Auch nicht wegen Giftmischerei?

JULIUS: Nicht einmal wegen eines Sakrilegs.

PETRUS: Auch nicht wegen Gotteslästerung?

JULIUS: Non, inquam.

PETRUS: Non ob haec omnia simul in unam ceu Lernam conflata?

JULIUS: Adde, si libet, sexcenta flagitiorum nomina, his quoque foediora, non potest tamen Romanus Pontifex ob ista summoveri loco.

PETRUS: Novam vero mihi Romani Pontificis dignitatem praedicas, siquidem huic soli licet impune pessimum esse. Tum magis novam infelicitatem Ecclesiae, si tale portentum nulla via queat excutere, talemque cogatur adorare Pontificem, cuiusmodi nemo toleret stabularium.

JULIUS: Quidam ob unum quiddam dumtaxat amoveri posse dicunt.

PETRUS: Ob quod obsecro benefactum? quandoquidem ob malefacta non potest, si ob haec quae dixi non potest.

JULIUS: Nein und abermals nein!

PETRUS: Und auch nicht wegen all dieser Greuel auf einmal, wenn sie gleichsam in einen einzigen Lernäischen Sumpf zusammenfließen?

JULIUS: Nenne mir meinetwegen, wenn es dir Spaß macht, noch die Namen von tausend weiteren Schandtaten, alle noch abscheulicher als die hier – auch ihretwegen könnte der Papst von Rom unter gar keinen Umständen aus seinem Amt entfernt werden.

PETRUS: Wenn man dir zuhört, möchte man meinen, die einzigartige Würde des Römischen Papstes bestünde darin, ungestraft der schlechteste Mensch sein zu dürfen! Schlimmer noch: Du verkündest der Kirche unerhörtes Unheil, wenn sie ein derartiges Scheusal auf keine Weise loswerden kann und gezwungen ist, jemanden als Papst zu verehren, den niemand auch nur als Stallknecht dulden würde.

JULIUS: Es gibt da allerdings einige Leute, die behaupten, allenfalls aus einem Grund könnte man ihn absetzen.

PETRUS: Dann sage mir doch, bitte sehr: für welche gute Tat? Denn offensichtlich kann er ja für keinerlei Schandtaten davongejagt werden, wenn dazu die von mir genannten nicht ausreichen.

JULIUS: Ob crimen haereseos: at ita demum si publice sit convictus. Verum id quoque frivolum est, neque vel tantillum officit pontificiae maiestati. Primum illi in manu est legem ipsam abrogare, si minus placeat. Deinde quis ausit summum Pontificem in crimen vocare, praesertim tot armatum praesidiis? Ad haec si forte prematur concilio, facilis est palinodia, si infitiari non liceat. Postremo mille sunt cuniculi quibus facile possit elabi, ni prorsus stipes sit, non homo.

PETRUS: Sed dic mihi per pontificiam potestatem, quis leges istas tam praeclaras condidit?

JULIUS: Quis alius nisi fons legum omnium, Romanus Pontifex? Atqui eiusdem est legem abrogare, interpretari, dilatare, astringere, utcunque visum est suis expedire commodis.

PETRUS: Felicem profecto Pontificem, si legem ferre possit, qua Christum etiam eludat, nedum concilium. Quamquam adversus

JULIUS: Für das Vergehen der Ketzerei – aber nur, wenn er zuvor öffentlich überführt worden ist. Doch auch das ist letztlich eine Bagatelle und tut der pontifikalischen Majestät nicht den geringsten Abbruch. Zunächst, weil es ja immer in seiner Macht liegt, das Gesetz abzuschaffen, wenn es ihm nicht mehr so recht in den Kram paßt. Sodann: wer würde sich unterstehen, den Höchsten Pontifex eines Verbrechens zu bezichtigen, der doch von so vielen Bewaffneten geschützt wird? Und wenn er wirklich durch ein Konzil in die Enge getrieben würde, so wäre es ihm ein Leichtes, durch einen Widerruf (falls das Leugnen nichts nützt) den Kopf aus der Schlinge zu ziehen. Kurz und gut, es gibt tausend Schlupflöcher, durch die er entwischen kann – es sei denn, er ist ein ausgemachter Dummkopf und kein rechter Mann.

PETRUS: Aber verrate mir doch, im Namen der päpstlichen Machtvollkommenheit, wer hat sich denn all diese wunderbaren Gesetze ausgedacht?

JULIUS: Wer anders als der eigentliche Ursprung aller Gesetze – der Papst von Rom? In seiner Hand liegt es auch, so ein Gesetz aufzuheben, auszulegen, auszuweiten, einzuschränken – ganz wie es ihm jeweils vorteilhaft erscheint.

PETRUS: Heil dem Papst, der ein Gesetz machen kann, mit dem er nicht nur ein Konzil zum Narren hält, sondern sogar Christus selbst! Aber gegen so

huiusmodi Pontificem, cuiusmodi tu modo descripsisti, palam scelerosum, temulentum, homicidam, simoniacum, veneficum, periurum, rapacem, portentosis libidinum generibus undique conspurcatum, idque propalam non tam optandum generale concilium, quam ut plebs armata saxis ut publicam orbis pestem publicitus tollat e medio. Verum age, dic mihi quid est causae cur Romanus Pontifex tantopere horreas generale concilium?

JULIUS: Quin idem a monarchis quaeris, cur senatum et celebres consessus oderint? Nempe quod turba tot excellentium virorum nonnihil obscuretur regia dignitas: qui docti sunt, iis litterae fiduciam et audaciam addunt; qui boni concientia freti, liberius loquuntur quam nobis expediat; qui dignitate praediti, auctoritate utuntur sua. Accedunt inter hos nonnulli qui nostrae invident gloriae, et hunc animum secum afferunt ut minuant Pontificis et opes et auctoritatem. Denique nullus hic assidet, quin sibi putet aliquid adversus Pontificem licere concilii titulo, nimirum alias invictum. Proinde vix ullum concilium tam feliciter cessit, ut summus ille Pontifex non aliquam maiestatis suae iacturam senserit, minusque summus discesserit.

einen Papst, wie du ihn da eben beschrieben hast – so offensichtlich kriminell, dem Trunk ergeben, mörderisch, ein Simonist, Giftmischer, Meineidiger, Raffgieriger, ganz besudelt von monströsen Lüsten –, gegen so einen hilft kein öffentliches Konzil, sondern nur eine mit Steinen bewaffnete Volksmenge, um vor allen Augen diese Pest der ganzen Welt ein für allemal aus der Welt zu schaffen. Und jetzt sage mir noch, warum empfindest du als Römischer Papst so heftige Abneigung gegen ein allgemeines Konzil?

JULIUS: Frag doch einmal die Monarchen, weshalb sie Senats- und Volksversammlungen hassen! Natürlich, weil durch die Zusammenkunft so vieler ausgezeichneter Männer die königliche Würde in nicht geringem Maße verdunkelt wird: Die Gebildeten beziehen aus ihrer Gelehrsamkeit Zuversicht und Kühnheit; die Guten reden im Vertrauen auf ihr Gewissen freizügiger als es Uns paßt; die Angesehenen nützen ihre Autorität. Dazu kommen immer einige, die auf Unsere Größe neidisch sind und mit der Absicht daherkommen, Reichtum und Ansehen des Pontifex zu mindern. Kurzum, bei einer solchen Versammlung bilden sich alle ein, sie dürften sich unter dem Vorwand des Konzils gewisse Dinge gegen den Papst herausnehmen, der ja ansonsten unangreifbar ist. Infolge dessen ist kaum jemals ein Konzil so günstig verlaufen, daß sich der höchste Pontifex nicht durch irgendeine Einbuße an Majestät gekränkt fühlte und einen Verlust an Höhe hinnehmen mußte.

Cuius rei vel ipse testis esse potes, nisi prorsus excidit; nam quamquam tum quidem de rebus leviculis agebatur, non de imperiis et regiis censibus ut nunc, tamen Jacobus ausus est tuae orationi nonnihil de suo adjicere; etenim cum tu gentiles onere Mosaicae legis in totum liberasses, Jacobus succedens fornicationem excepit, et sanguinem et idolothytum, veluti corrigens tuam sententiam, ut hodieque sint qui hac re commoti non tibi, sed Jacobo putent fuisse summi Pontificis auctoritatem.

PETRUS: Unum igitur illud spectandum existimas, ut salva sit regia summi Pontificis maiestas, ac non magis publica utilitas reipublicae Christianae?

JULIUS: Ad suum quisque commodum spectat; nos nostrum agimus negotium.

PETRUS: Atqui si Christus idem fecisset, iam nec esset Ecclesia, cuius te monarcham esse iactitas; et non video qui conveniat, ut qui Christi vicarius appellari gaudeat, Christo diversa sequatur. Sed illud iam expedi; quanam

Das kannst du ja selber bezeugen, falls du nicht an Vergeßlichkeit leidest. Denn obgleich es damals nur um Banalitäten ging und nicht, wie heute, um ganze Reiche und königliche Einkünfte, hat sich Jakobus doch unterstanden, deiner Rede so einiges auf eigene Rechnung hinzuzufügen; und während du die Heiden ganz und gar von der Last des mosaischen Gesetzes befreien wolltest, ergriff er nach dir das Wort, um Unzucht, den Genuß von Blut und Götzenopfer davon auszunehmen, so als stünde es ihm zu, dein Urteil zu korrigieren. Daher gibt es noch heute einige, die, durch diese Episode veranlaßt, nicht dich sondern Jakobus als wahren Träger der päpstlichen Autorität betrachten.

PETRUS: Dann bist du also der Meinung, daß einzig und allein die Rücksicht auf die Unversehrtheit der erhabenen Majestät des Papstes zählt, und nicht etwa der Vorteil für die christliche Gemeinschaft?

JULIUS: Jeder Mensch schaut auf seinen eigenen Vorteil: Auch Wir kümmern Uns um Unsere Geschäfte.

PETRUS: Wenn Christus das auch getan hätte, dann gäbe es jetzt die Kirche gar nicht, als deren Alleinherrscher du dich brüstest. Und wie soll denn zusammenpassen, daß einer, der sich gut und gerne Stellvertreter Christi nennen läßt, einen so kraß unchristlichen Weg einschlägt? Doch dazu habe ich schon meine Meinung gesagt. Durch welchen

arte schismaticum illud, uti tu vocas, concilium discusseris?

JULIUS: Dicam equidem, assequare si potes. Primum Imperatorem Maximilianum (sic enim vocant) ut est unus omnium minime difficilis, tametsi per solennes nuntios concilium indixerat, tamen non dicendis modis ab instituto seduxi. Praeterea cardinalibus aliquot arte simili persuasi ut quod publicatis iam instrumentis statuerant, rursum accitis notariis ac testibus negarent.

PETRUS: An istud licet?

JULIUS: Quid ni liceat approbante summo Pontifice?

PETRUS: Quid? Igitur si volet, iusiurandum iusiurandum non est, ut a quo passim quos vult liberat?

JULIUS: Sed tamen ut ingenue dicam, erat id quidem paulo impudentius, verum non patebat via commodior. Deinde cum videbam futurum ut apud nonnullos invidia concilii premerer,

Kunstgriff hast du denn damals jenes Kirchenspalter-Konzil, wie du es nennst, auseinandergejagt?

JULIUS: Das will ich dir gerne sagen – hoffentlich kannst du mir folgen. Zunächst habe ich Kaiser Maximilian (ja, so läßt er sich nennen!), der von allen noch am leichtesten herumzukriegen ist, trotz seiner feierlichen Ladung zu diesem Konzil durch Mittelchen, die besser ungenannt bleiben, von seinem Vorhaben abgebracht. Danach ist es mir durch ähnliche Kunstgriffe gelungen, einige Kardinäle zu überreden, daß sie vor eilig herbeigerufenen Zeugen und Schreibern das widerriefen, was sie in bereits vorliegenden Dokumenten öffentlich festgestellt hatten.

PETRUS: Und so etwas ist erlaubt?

JULIUS: Was wäre nicht erlaubt, solange es der Höchste Pontifex billigt?

PETRUS: Wie das? Er braucht nur zu wollen, und dann ist ein feierlicher Eid kein Eid mehr, weil er weit und breit jeden, ganz nach Belieben, davon entbinden kann?

JULIUS: Also, um ganz ehrlich zu sein, diese Geschichte war wirklich etwas dreist – aber es stand eben kein bequemerer Weg offen. Dann, als ich sah, daß ich mich bei einigen Leuten wegen des Konzils höchst unbeliebt machen würde – zumal

maxime quod sic esset indictum, ut non excluderer, sed suppliciter invitarer, rogarerque praesidere, vide quam iam technam repererim, superiorum secutus exemplum. Ipse vicissim ad concilium provocavi, causans nec tempus nec locum satis esse idoneum quem illi praestituissent. Romae subito concilium indixi, quo neminem venturum arbitrabar Julio non amicum, aut certe non obsecundaturum – sic enim eos multis exemplis docueram – ac protinus in hunc usum complures cardinales creavi meis institutis accommodos.

GENIUS: Hoc est facinorosissimos.

JULIUS: Rursum hoc concilium nisi indixissem, concilium non fuisset; et tamen haud quaquam expediebat rebus meis tantam episcoporum et abbatum turbam huc confluere inter quos fieri non potest quin aliquot probi piique fuerint futuri; itaque monui, ut sumptibus parcerent et singulae regiones unum aut alterum dumtaxat mitterent. Deinde cum ne hoc quidem satis tutum viderem, et paucos ex tot provinciis ad magnum redituros numerum, denuo illis iam ad iter

die Einladung ja so abgefaßt war, daß man mich keineswegs ausschloß sondern vielmehr inständig bat, den Vorsitz zu übernehmen –, schau und staune, auf welchen Trick ich da, nach dem Vorbild meiner Vorgänger, verfallen bin: Ich drehte einfach den Spieß um und lud selbst zu einem Konzil ein, unter dem Vorwand, daß weder der von ihnen vorschlagene Zeitpunkt noch der Versammlungsort passend seien. Also berief ich das Konzil kurzfristig nach Rom, weil ich mir ziemlich sicher war, dorthin würden nur gute Freunde oder zumindest willfährige Gefolgsleute des Julius kommen (denn dazu hatte ich sie durch viele warnende Exempel erzogen); und zu diesem Zweck ernannte ich gleich eine Reihe von Kardinälen, die meinen Plänen gefügig waren.

GENIUS: Das heißt: die größten Halunken!

JULIUS: Nochmals: wenn ich dieses Konzil nicht einberufen hätte, wäre überhaupt keines zustande gekommen. Andrerseits paßte es mir überhaupt nicht in meinen Kram, daß so eine Flut von Bischöfen und Äbten hierher strömen sollte – es war leider nicht auszuschließen, daß auch ein paar Aufrechte und Fromme dabei sein würden. Also ermahnte ich sie, Kosten zu sparen und für jede Region nur einen oder zwei Delegierte zu schicken. Als ich dann sah, daß mir selbst dies keine Sicherheit bot und daß auch wenige Leute aus so vielen Provinzen eine Riesenmenge ausmachen würden, lud ich

accinctis denuntiavi ne venirent, concilium in aliud tempus prorogandum, commentus ad id causas utcunque probabiles. Atque iis artibus exclusis universis, rursus antevertens quem praescripseram diem, Romae concilium institui cum iis dumtaxat quos ad id paraveram. Inter quos etiamsi qui futuri essent qui dissentirent a me, tamen illud certum habebam, Julio neminem refragaturum, tanto armis et satellitibus superiori. Iam ad hunc modum ingentem invidiam movi Gallicano illi concilio, dimissis quoquoversum litteris, in quibus de nostro sacrosancto concilio faciebam mentionem, concilium illorum execrans, conventiculum Satanae, conciliabulum diaboli, schismaticam conspirationem subinde nominans.

PETRUS: Oportet sceleratissimos fuisse cardinales auctores ac principes concilii.

JULIUS: De moribus nihil queror. Sed caput huius negotii fuit Cardinalis Rothomagensis, qui nescio qua sanctimonia semper huc spectavit ut Ecclesiam redderet emendatiorem; idque fecit locis aliquot. Hunc mors eripuit, mihi tum rem faciens omnium gratissimam. Successit huic Cardinalis

sie, die alle schon reisefertig waren, einfach wieder aus – das Konzil sei auf einen späteren Zeitpunkt verschoben – und erfand dafür ein paar fadenscheinige Begründungen. Nachdem ich die Mehrheit so kunstgerecht ausgeschlossen hatte, hielt ich mein Konzil in Rom ab, und zwar früher als zum festgesetzten Zeitpunkt, und nur mit denen, die ich dafür eigens präpariert hatte. Und wenn es selbst unter ihnen einige geben sollte, die mir widersprächen, so war ich doch sicher: niemand würde sich mit Julius anlegen, dem eine solche Übermacht an Bewaffneten und Trabanten zur Verfügung stand. Ich hetzte auch aus vollen Kräften gegen jene gallikanische Versammlung, indem ich nach allen Seiten Episteln verschickte, die Unser eigenes Konzil als sakrosankt priesen und das ihre entsprechend verfluchten – als satanisches Konventikel, Jahrmarkt des Teufels und schismatisches Komplott.

PETRUS: Dann müssen die Kardinäle als Veranlasser und Vorsitzende jenes Konzils ja bitterböse Menschen gewesen sein!

JULIUS: Über ihre Moral will ich mich gar nicht beklagen. Aber das Haupt des ganzen Unternehmens war der Kardinal von Rouen, der in seiner mir fremden Art von Frömmigkeit immer darauf aus war, die Kirche zu reformieren; und das ist ihm tatsächlich an manchen Stellen gelungen. Ihn schaffte der Tod beiseite und erwies mir damit einen wertvollen Dienst. Sein Nachfolger war der Kardinal

titulo Sanctae Crucis, Hispanus, vitae quidem inculpatae, sed rigidus, senex ac theologus: quod quidem genus hominum ferme solet esse infestum Romanis Pontificibus.

PETRUS: Atqui homo theologus nihil habebat quod suo facto probabiliter obtexeret?

JULIUS: Permulta. Aiebat enim nulla fuisse tempora inquietiora quam tum erant, nunquam Ecclesiae morbos magis intolerandos, itaque generali concilio succurrendum; me cum ad summum pontificium admitterer, sacramentis adactum ut secundo ab inito pontificatu anno concilium indicerem, et ita adactum, ut ne a cardinalium consessu possem absolvi; deinde saepius a fratribus cardinalibus meis admonitum, rogatum, interpellatum a principibus, quidvis potius quam hoc in aurem admisisse, ita ut palam appareret Julio vivo nunquam futurum concilium. Citabant exempla superiorum conciliorum; citabant leges aliquot pontificias, quibus ostendebant me cum meis detrectante concilium ad se ius indicendi devolutum; ceteris item

von Santa Croce, ein Spanier, eigentlich von untadeligem Lebenswandel, aber ein starrköpfiger alter Mann, und dazu noch Theologe: diese Gattung Mensch ist den Päpsten in der Regel nicht gerade gewogen.

PETRUS: Aber fand der Mann in seiner Eigenschaft als Theologe denn keine glaubwürdigen Argumente, um seine Haltung zu rechtfertigen?

JULIUS: Doch, jede Menge. Er sagte nämlich, nie seien die Zeiten unruhiger gewesen als damals, nie die Leiden der Kirche unerträglicher, weshalb man ihr durch ein allgemeines Konzil wieder auf die Beine helfen müsse. Damals, als ich die Papstwürde erlangt hätte, sei ich durch einen heiligen Eid verpflichtet worden, im zweiten Jahr meines Pontifikats ein solches Konzil einzuberufen – und zwar derart streng verpflichtet, daß ich nicht einmal durch ein ganzes Kardinalskollegium davon entbunden werden könnte. Obgleich ich dann immer wieder von meinen Kardinalsbrüdern dazu ermahnt und angehalten und sogar von verschiedenen Fürsten gedrängt worden sei, hätte ich doch allen anderen Dingen eher Gehör geschenkt als dieser Mahnung: zu Lebzeiten des Julius, das war klar, sollte es kein Konzil geben. Man zitierte mir die Beispiele früherer Konzile, man zitierte irgendwelche päpstliche Verordnungen, die beweisen sollten: wenn ich und meine Gefolgschaft die Einberufung verweigerten, würde das Recht dazu auf sie übergehen. Und dann

principibus conniventibus indicendi munus ad Imperatorem Romanum, qui olim solus indicebat, et ad Gallorum Regem, qui praecipuus esset, pertinere.

PETRUS: Num igitur in te nefanda dictu scribebant?

JULIUS: Immo furciferi plus hic sapiebant quam volebam. Rem odiosissimam mira modestia tractabant, et non solum temperabant a maledictis, sed me nunquam nisi cum honoris praefatione nominabant, rogantes et obsecrantes per omnia sacra piaque, ut quod me dignum erat, quodque iureiurando pollicitus essem, concilio indicto praesiderem, pariterque secum sanandis Ecclesiae malis operam commodarem. Nec dici potest quantum haec temperantia mihi conflarit invidiae, praesertim cum omnia sua sacris litteris condirent; nam apparet eruditos aliquot ad id adhibitos. Addebant interim ieiunia, orationes, miram vitae frugalitatem, ut magis etiam me premerent opinione sanctitatis.

sagten sie noch, falls die übrigen Fürsten mir dies durchgehen ließen, läge die Aufgabe beim Römischen Kaiser, der früher einmal ganz allein die Konzile einberief, und, als dem Rangnächsten, beim König von Frankreich.

PETRUS: Schrieben sie denn üble Pamphlete gegen dich?

JULIUS: Aber nein – diese Halunken gingen schlauer zu Werke als mir lieb war. Sie packten diese höchst widerwärtige Sache erstaunlich besonnen an und verzichteten nicht nur auf alle Schmähungen, sondern baten und beschworen mich – immer nach irgendeinem ehrenvollen Vorspruch –, bei allem, was fromm und heilig sei: daß ich, wie es meiner würdig sei und wie ich es durch einen Eid versprochen hätte, doch ja das Konzil zusammenrufen und seinen Vorsitz übernehmen und gemeinsam mit ihnen alle Kraft aufwenden solle, um die Gebrechen der Kirche zu heilen. Ich kann dir gar nicht sagen, wieviel Abneigung diese maßvolle Art gegen mich schürte, zumal sie all ihre Erklärungen mit Bibelzitaten würzten; denn zu diesem Zweck hatten sie offenbar eigens ein paar Gelehrte herangezogen. Dazu kamen immer wieder Fastereien, Gebete und eine wundersam bedürfnislose Lebensführung, um mich durch den Geruch ihrer Heiligkeit noch mehr unter Druck zu setzen.

PETRUS: Tu contra quo titulo concilium indixeras?

JULIUS: Longe splendidissimo: ostendebam mihi in animo esse primum corrigere caput Ecclesiae, hoc est me ipsum, deinde principes Christianos, postremo plebem universam.

PETRUS: Bellam audio comoediam; sed iam expecto catastrophen. Iuvat audire quid theologi illi in Satanae conciliabulo statuerint.

JULIUS: Indigna, abominanda; refugit animus commemorare.

PETRUS: Obsecro tam nefanda?

JULIUS: Prorsus impia, sacrilega, plusquam haeretica; quibus nisi manibus et pedibus obstitissem, immo armis pariter atque ingenio, actum erat de dignitate Ecclesiae Christianae.

PETRUS: Tanto magis expecto quae sint ista.

JULIUS: Ah horresco referens! id agebant scelesti,

PETRUS: Du hingegen – mit welcher Begründung hast du dann dein eigenes Konzil einberufen?

JULIUS: Mit der glänzendsten von der Welt! Ich erklärte, meine Absicht sei es, zunächst das Haupt der Kirche zu reformieren, nämlich mich selbst, danach die christlichen Fürsten und schließlich das ganze Volk.

PETRUS: Eine hübsche Komödie höre ich da. Aber ich warte schon auf das bittere Ende. Ich würde gern wissen, was jene Theologen auf ihrer Satansversammlung beschlossen haben.

JULIUS: Lauter schändliches und abscheuliches Zeug. Mir graust es, wenn ich nur daran denke!

PETRUS: Wirklich so Ungeheuerliches?

JULIUS: Ganz und gar ruchlos, gotteslästerlich und schlimmer als Ketzerei! Hätte ich mich nicht mit Händen und Füßen, das heißt: mit Waffengewalt und auch mit einiger Schlauheit, dagegen gewehrt, dann wäre es mit dem Ansehen der Kirche Christi aus und vorbei gewesen.

PETRUS: Du machst mich ja ganz neugierig auf diese Beschlüsse.

JULIUS: Ich kann davon nur mit Schaudern berichten. Diese Schurken beschlossen doch tatsächlich,

ut Ecclesiam tot opibus ac tanta ditione florentem ad veteres illas sordes ac miseram frugalitatem revocarent; ut cardinales, qui nunc vitae strepitu quosvis antecellunt tyrannos, ad paupertatem redigerentur; ut episcopi multo contractius viverent, minus satellitum, minus alerent equorum. Decreverant, ne passim cardinales absorberent episcopatus, abbatias, sacerdotia; ne quis unus plures episcopatus complecteretur, istos qui per fas, ut aiebant, nefasque sexcenta, si possint, cumulant sacerdotia coercendos censebant, ut his essent contenti censibus qui frugali sacerdoti satis essent; ne quisquam crearetur summus Pontifex aut episcopus aut sacerdos interventu nummorum aut respectu favoris aut turpis obsequii, sed dumtaxat ex vitae meritis, quod si compertum esset, ilico submoveretur; ut liceret Romanum Pontificem palam facinorosum ab honore depellere; ut episcopi scortatores ac temulenti privarentur administratione; ut sacerdotes palam facinorosi non solum sacerdotio, verum membro corporis mutilarentur; aliaque id genus permulta, nam omnia referre piget, quae prorsus eo tendebant, uti nos onerarent sanctimonia, divitiis et imperio spoliarent.

die Kirche aus ihrem jetzigen Überfluß an Reichtum und Macht wieder in den verächtlichen Zustand und die Armseligkeit von einst zurückzuholen! Die Kardinäle, die heutzutage mit ihrer aufwendigen Lebensart jeden beliebigen Gewaltherrscher ausstechen, sollten wieder bettelarm werden, den Bischöfen wollte man ihre Freizügigkeit, ihre Dienerscharen und ihren Pferdestall wegnehmen! Die Kardinäle, so bestimmten sie, dürften nicht weiter landauf landab Bistümer, Abteien und Pfarreien an sich reißen; damit sich ja nicht einer allein mehrere Bistümer aneigne, wollten sie all jene, die angeblich auf geraden oder krummen Wegen jede Menge Pfründen an Land gezogen hatten, dazu zwingen, mit den Einkünften eines schlichten Priesters auszukommen. Niemand dürfe Papst, Bischof oder auch nur Priester werden aufgrund von Bestechung, Günstlingswirtschaft oder Speichelleckerei, sondern einzig und allein durch ein verdienstvolles Leben; jeder, von dem etwas Gegenteiliges bekannt würde, sei unverzüglich aus seinem Amt zu entfernen. Ja, es sei rechtens, einen offensichtlich verbrecherischen Papst vom Thron zu stoßen, verhurte und trunksüchtige Bischöfe davonzujagen, ruchlose Priester nicht nur mit dem Verlust der Pfründe, sondern auch eines Körperteiles abzustrafen, und noch viel mehr dergleichen – ich habe keine Lust, das alles aufzuzählen. Es lief jedenfalls immer darauf hinaus, Uns lauter Heiligkeit aufzubürden und dafür die Last des Reichtums und der Macht von Unseren Schultern zu nehmen.

PETRUS: Quid igitur contra haec statuebatur in illo sacrosancto concilio Romano?

JULIUS: Iam mihi videris oblitus id quod dixi, me nihil aliud agere voluisse concilii praetextu nisi ut clavum clavo pellerem. Primus ille conventus consumptus sollemnibus quibusdam ceremoniis ex auctoritate relictis, quas ob antiquitatem adhuc utcunque placet observare etiamsi nihil ad rem pertinent, peracta sacra duo, alterum de sancta cruce, alterum de sancto spiritu, tanquam huius afflatu res ageretur; deinde recitata oratio plena laudum mearum. Proximo consessu quanta vi potui torsi fulmen in schismaticos illos cardinales, plus quam impium, plus quam sacrilegum, plus quam haereticum pronuntians quicquid illud esset quod aut iam statuissent aut statuere pararent. Tertio consessu eodem fulmine terrui Galliam nundinis a Lugduno translatis, et quibusdam Galliae partibus nominatim exceptis, quo magis alienarem a rege plebis animos, et aliquam inter ipsos seditionem excitarem. Atque haec statim acta, quo plus haberent auctoritatis bullis prodita, ad omnes misi principes, praesertim ad hos quos videbam in nostram factionem esse propensiores.

PETRUS: Und was für Vorsorge gegen diese Gefahren wurde dann auf eurem hochheiligen Konzil zu Rom getroffen?

JULIUS: Du hast anscheinend meine Worte von vorhin schon wieder vergessen: Dieses Konzil war nur ein Vorwand, der nichts anderes bezweckte, als eben einen Nagel mit einem anderen herauszutreiben. Die erste Zusammenkunft erschöpfte sich in gewissen feierlichen, durch Überlieferung geheiligten Zeremonien, an denen man ihres Alters wegen irgendwie hängt, obwohl sie die reine Zeitverschwendung sind: Zwei Rituale wurden gefeiert, eines für das Heilige Kreuz, das andere für den Heiligen Geist, so als ob unser Geschäft durch ihn inspiriert sei. Danach wurde eine große Lobrede auf mich gehalten. In der nächsten Sitzung schleuderte ich mit voller Kraft meinen Bannstrahl gegen die schismatischen Kardinäle, indem ich alles, was sie schon beschlossen hatten oder noch beschließen würden für mehr als gottlos, blasphemisch und ketzerisch erklärte. In der dritten Sitzung schreckte ich ganz Frankreich mit demselben Blitz und drohte, den ganzen Handel aus Lyon abzuziehen; nahm aber einige Regionen eigens davon aus, um dem König möglichst viel Volk abspenstig zu machen und die Franzosen zu ein paar Aufständen zu animieren. Und kaum waren diese Maßnahmen ergriffen, ließ ich sie, der größeren Wirkung wegen, durch Bullen offiziell allen Fürsten bekanntmachen, besonders aber jenen, die sich merklich unserer Seite zuneigten.

PETRUS: At praeterea nihil actum?

JULIUS: Id actum est quod volebam: vici, si modo nostra valebunt decreta. Tres illos cardinales qui perstiterunt in coeptis cardinalitia dignitate publicis ceremoniis privavi; sacerdotiorum census aliis contuli, ne facile possent restitui; ipsos tradidi Satanae, libentius tamen ignibus traditurus si in manus meas incidissent.

PETRUS: Attamen si vera narras, non paulo sanctiora videntur illius schismatici conciliabuli decreta quam tui sacrosancti concilii; unde nihil adhuc video prodiisse, nisi minas tyrannicas, execrationes et astu mixtam crudelitatem. Si Satanas fuit illius auctor conciliabuli, propius videtur ad Christum accedere, quam spiritus ille nescio quis qui modo vestrum moderatus est concilium.

JULIUS: Quin tu quid loquaris, etiam atque etiam vide: nam omnibus bullis meis execratus sum omnes quicunque illi conciliabulo quocunque modo faverint.

PETRUS: Und das war alles?

JULIUS: Es war genau das, was ich wollte. Ich hatte gesiegt – wenn nur Unsere Dekrete weiter wirken. Jene drei Kardinäle, die nicht von ihrer Sache ablassen wollten, habe ich öffentlich und feierlich ihrer Kardinalswürde entkleidet; die Einkünfte ihrer Pfründen wurden an andere verteilt – jetzt können sie sich die Finger danach lecken. Sie selbst habe ich Satan übergeben – noch viel lieber übergäbe ich sie den Flammen, wenn sie mir nur in die Hände fielen.

PETRUS: Trotz alledem: wenn du wirklich die Wahrheit sprichst, dann erscheinen mir die Entscheidungen jenes schismatischen Vereins um einiges heiliger als die deines hochheiligen Konzils. Denn dabei, soweit ich sehe, ist weiter nichts herausgekommen als tyrannische Einschüchterungsversuche, Verketzerungen und mit Hinterlist vermengte Grausamkeit. Wenn jene andere Versammlung auf das Konto Satans gegangen ist, so scheint er Christus um einiges näher zu kommen als der ominöse Geist, der euer Konzil geleitet hat.

JULIUS: Paß du lieber genau auf, was du da sagst! Habe ich doch in all meinen Bullen Verwünschungen gegen alle geschleudert, die dieses Afterkonzil irgendwie zu billigen wagten!

PETRUS: Miser, ut adhuc veterem illum spirat Julium! Sed quis tandem huius exitus negotii?

JULIUS: Hoc equidem in statu reliqui; quorsum evasurum viderit fortuna.

PETRUS: Nimirum schisma manet?

JULIUS: Manet et quidem periculosissimum.

PETRUS: Et tu quidem Christi vicarius schisma maluisti quam verum concilium?

JULIUS: Vel trecenta schismata potius quam me velim in ordinem cogi et ad totius vitae reddendam rationem adigi.

PETRUS: Ita tibi conscius?

JULIUS: Quid id tua?

PETRUS: Intelligo: non expediebat eam moveri camarinam. Sed penes utros erit victoria?

JULIUS: Istud fortunae est in manu; quamquam a nobis plus est pecuniarum. Gallus exhaustus est diutinis iam bellis; Anglus

PETRUS: Abscheulich, wie aus ihm immer noch der Geist des alten Julius spricht! – Und wie ist die Geschichte dann ausgegangen?

JULIUS: So war der Stand der Dinge, als ich abtrat. Das Schicksal mag schauen, wie es weitergeht.

PETRUS: Dann bleibt also die Spaltung bestehen?

JULIUS: Sie bleibt, und ist in der Tat höchst gefährlich.

PETRUS: Und du, der Stellvertreter Christi, wolltest lieber eine Kirchenspaltung in Kauf nehmen als ein echtes Konzil?

JULIUS: Lieber ein paar hundert Spaltungen, als daß man mich zur Ordnung ruft und von mir Rechenschaft für mein Leben verlangt!

PETRUS: So gut kennst du dich selber?

JULIUS: Was geht dich das an?

PETRUS: Ich verstehe schon: es war nicht in deinem Interesse, diesen Sumpf aufzurühren. Aber welche Partei wird nun den Sieg davontragen?

JULIUS: Das liegt in der Hand des Schicksals: aber in der unseren liegt das meiste Geld. Der Franzose ist durch die ewigen Kriege erschöpft; der Englän-

auri montes habet intactos adhuc. Illud indubitato possum vaticinari, si Gallus vicerit, id quod abominor, vertentur rerum nomina: sacrosanctum illud concilium Satanae conciliabulum erit; ego idolum Pontificis, non Pontifex; penes illos spiritus sanctus erit, nos spiritu Satanae fecerimus omnia. Verum mihi ingens fiducia est in relictis pecuniis ne haec fiant.

PETRUS: At quid rei tandem incidit adversus Gallos et horum regem, quem vestri maiores Christianissimi titulo decorarunt? Praesertim cum illorum praesidiis fatearis et vixisse te et ad istam plus quam imperialem coronam evectum, denique Bononiam et reliquas urbes recepisse, domuisse Venetos omnibus invictos. Quomodo tot tam recentium meritorum abolita memoria? Quomodo tot discissa foedera?

JULIUS: Istam explicare fabulam perlongum fuerit. Verum ut summatim dicam, nihil a me novatum est; sed quod iam olim animo parturieram, tum parere coepi. Quod antea rebus ita poscentibus

der dagegen verfügt über Berge von Gold, die noch ganz unangetastet sind. Eines aber kann ich mit Sicherheit prophezeien: wenn der Franzose gewinnt, was Gott verhüten möge, werden alle Begriffe auf den Kopf gestellt. Dann wird Unser hochheiliges Konzil das satanische Afterkonzil sein, und ich kein Papst mehr, sondern das Schattenbild eines Papstes; der Heilige Geist wird auf ihrer Seite stehen, und Wir werden alles aus dem Geist Satans betrieben haben. Jedoch vertraue ich ganz und gar auf die vorhandenen Geldmittel, daß so etwas nicht geschieht.

PETRUS: Aber was hat dich denn derart gegen die Franzosen und ihren König aufgebracht, dem deine Vorgänger den Ehrentitel „Allerchristlichster" verliehen? Zumal du ja zugeben mußt, daß du nur durch ihre Hilfe überleben und noch dazu an diese mehr als kaiserliche Krone kommen konntest! Und daß du darüber hinaus nur durch sie Bologna samt den übrigen Städten zurückerobert und die unbesiegten Venezianer überwunden hast. Wie konntest du so viele und so frische Verdienste völlig vergessen? Wie so viele Bündnisse einfach brechen?

JULIUS: Wenn ich dir das im einzelnen erklären wollte, gäbe es eine endlose Geschichte. Um es kurz zu machen: Nichts von dem, was ich tat, war unüberlegt, sondern genau das, womit ich im Geist seit langem schwanger ging, begann ich nun in die Welt zu setzen. Was ich vorher aus taktischen Grün-

dissimularam, tunc aperui: Gallis nunquam ex animo bene volui, hoc tibi de tripode dictum puta, nec ullus Italus ex animo bene vult barbaris, non Hercule magis quam lupus agnis. Sed ego non Italus modo, verumetiam Genuensis, tantisper illis utebar amicis, dum opus esset illorum ministerio, quandoquidem hactenus utendum est opera barbarorum. Interea multa tuli, multa dissimulavi, multa finxi, denique nihil non et feci et passus sum; verum ubi iam res in eum propemodum locum deductae sunt, in quem volebam, supererat ut vere Iulium agerem, totamque illam barbarorum faecem Italia submoverem.

PETRUS: Cuiusmodi beluae sunt isti quos vocas barbaros?

JULIUS: Homines sunt.

PETRUS: Homines igitur, at non Christiani?

JULIUS: Et Christiani, sed quid hoc ad rem pertinet?

PETRUS: Ergo Christiani quidem, sed absque legibus, absque litteris agrestem degentes vitam?

den verheimlichen mußte, machte ich jetzt offenkundig. Ich habe die Franzosen nie so richtig von Herzen gemocht, das kannst du mir aufs Wort glauben: kein echter Italiener liebt die Barbaren von Herzen – höchstens so, beim Herkules, wie der Wolf die Schafe. Aber ich bin nicht nur Italiener, sondern vor allem auch Genueser; das heißt, ich nützte ihre Freundschaft aus, solange ich ihre Dienste eben brauchte – und nur soweit lohnt es sich, die Hilfe der Barbaren zu nutzen. Einstweilen schluckte ich viel, heuchelte viel, erfand viele Geschichten, kurz ich tat und tolerierte alles, was man von mir verlangte. Kaum aber war die Angelegenheit soweit, wie ich sie haben wollte, da konnte ich endlich den wahren Julius herauslassen und diesen Abschaum der Barbarei aus Italien hinauswerfen.

PETRUS: Was sind das denn für Bestien, die du Barbaren nennst?

JULIUS: Schon gewissermaßen Menschen.

PETRUS: Also Menschen schon – aber keine Christen?

JULIUS: Christen auch – aber was tut das zur Sache?

PETRUS: Also Christen, aber wohl solche, die ohne Gesetz und Bildung roh dahinvegetieren?

JULIUS: Immo rebus istis maxime florent illi; quin insuper, id quod illis imprimis invidemus, opibus.

PETRUS: Quid igitur sibi vult barbari cognomen? Quid mussas?

GENIUS: Dicam huius vice. Itali cum sint ex omni barbarissimarum nationum colluvie conflati confusique, non aliter quam sentina quaedam, tamen e gentilium litteris hanc imbiberunt insaniam, ut extra Italiam natos barbaros appellent; quod quidem cognominis apud illos contumeliosius est quam si parricidam dicas aut sacrilegum.

PETRUS: Ita videtur. Atqui cum pro omnibus hominibus mortuus sit Christus, nec apud illum sit ullius personae respectus, cumque te Christi vicarium profitereris, cur non omnes complectebaris eodem animo, quos non discrevit ipse Christus?

JULIUS: Equidem et Indos et Afros et Aethiopes et Graecos complecti cupiam, si modo numerent et principem agnoscant vectigalibus. Verum hos omnes recidimus digne, et proxime Graecos, quod homines

JULIUS: Aber nein! Gerade in diesen Dingen stehen sie bestens da, und ganz besonders in einer Sache, die Unseren heftigen Neid erregt: sie sind reich!

PETRUS: Warum beschimpfst du sie dann als Barbaren? Was murmelst du da in deinen Bart?

GEIST: Laß mich darauf an seiner Stelle antworten. Obgleich die Italiener aus allem Unrat der barbarischsten Völker zusammengeflossen und zusammengemengt sind, nicht anders als die Jauche im Schiffsbauch, haben sie doch aus den Schriften der Heiden die verrückte Anmaßung gesogen, daß sie alle außerhalb von Italien Geborenen Barbaren nennen. Und diese Bezeichnung ist bei ihnen eine schlimmere Beleidigung als Vatermörder oder Kirchenräuber.

PETRUS: So sieht es wirklich aus. Aber Christus ist nun einmal für alle Menschen gestorben und macht keinerlei Unterschied der Person: Und wenn du dich schon für seinen Stellvertreter ausgibst, weshalb umarmst du nicht alle Menschen im einigen Geist Christi?

JULIUS: Glaub mir, ich würde mit Wonne sogar Inder, Afrikaner, Äthiopier und selbst Griechen umarmen, wenn sie mich nur bar bezahlen und durch ihre Abgaben als Herren anerkennen. Aber Wir haben sie alle ganz schön zurechtgestutzt, wie vor kurzem erst die Griechen, weil diese Leute einfach

nimium tenaces parum agnoscerent Romani Pontificis maiestatem.

PETRUS: Ergo Romana sedes totius orbis veluti horreum est?

JULIUS: Magnum vero si omnium metamus carnalia, cum omnibus nostra spiritalia seminemus?

PETRUS: Quae narras spiritalia? Nam adhuc quidem praeter mundana nihil audio. Fortasse doctrina sacra trahis ad Christum?

JULIUS: Sunt qui contionentur si velint, nec eos prohibemus, modo ne quid dicant adversus maiestatem nostram.

PETRUS: Quid igitur?

JULIUS: Quid igitur? Cur regibus datur quicquid exegerint, nisi quia his acceptum referunt singuli quicquid possident, etiamsi nihil ab illis acceperint? Ita quicquid est sacri usquam nobis imputandum est, etiamsi totam stertamus vitam. Quamquam

zu halsstarrig waren, und zuwenig bereit, die Majestät des Römischen Pontifex anzuerkennen.

PETRUS: Also ist der Römische Stuhl so etwas wie die Scheune, um die Ernte des ganzen Erdkreises einzufahren?

JULIUS: Ist es denn so eine große Sache, wenn Wir die fleischlichen Früchte der ganzen Welt ernten, nachdem Wir unsere geistliche Saat in alle Welt ausgesät haben?

PETRUS: Von was für geistlichen Dingen redest du da? Bis jetzt ist mir nur recht Weltliches zu Ohren gekommen. Aber vielleicht gewinnst du die Menschen ja durch heilige Belehrung für Christus?

JULIUS: Es gibt genug Leute, die nach Herzenslust predigen, und Wir hindern sie gewiß nicht daran – solange sie nichts sagen, was Unserer Majestät abträglich ist.

PETRUS: Also, was dann?

JULIUS: Was dann? Wenn Könige alles bekommen, was sie wollen, so doch nur deshalb, weil die Menschen ihnen gutwillig abliefern, was sie besitzen, auch wenn sie dafür nichts als Gegengeschenk erhalten. So muß auch alle Heiligkeit der Welt auf Unsere Rechnung kommen, selbst dann, wenn Wir das ganze Leben verschnarchen. Außerdem verge-

praeter ista largissime donamus indulgentias exigua pecuniola; dispensamus in rebus gravissimis non maxima summa; passim omnibus obviis benedicimus, idque gratis.

PETRUS: Equidem nihil horum intelligo. Sed redi ad id quod institutum erat: quamobrem tua sanctissima maiestas tantopere barbaros horreat, ut coelum terrae miscendum duxeris, quo illos ab Italia depelleres?

JULIUS: Dicam: superstitiosum est cum omne barbarorum genus, tum praecipue Gallorum; nam cum Hispanis non pessime nobis convenit, sive linguam spectes, sive mores; quamquam hos quoque submotos volebam, quo prorsus nobis liceret more nostro agere.

PETRUS: Colunt praeter Christum et alios deos?

JULIUS: Immo Christum ipsum nimis anxie colunt. Antiquis quibusdam et iampridem obsoletis vocabulis mirum est quam adhuc homines stultissimi permoveantur.

PETRUS: Forte magicis?

ben Wir ja großzügigste Ablässe für ganz kleine Sümmchen und erteilen auch bei schwerwiegendsten Problemen relativ preiswert Dispens; darüber hinaus segnen Wir auch noch alle, die Uns begegnen – und zwar gratis!

PETRUS: Davon verstehe ich nun freilich überhaupt nichts. Doch um noch einmal auf unser vorheriges Thema zurückzukommen: Weshalb verspürt deine Allerheiligste Majestät solchen Abscheu vor den Barbaren, daß du meintest, Himmel und Erde auf den Kopf stellen zu müssen, um sie aus Italien zu vertreiben?

JULIUS: Laß es dir sagen: wegen ihres Aberglaubens. Jede barbarische Rasse ist abergläubisch, aber keine so wie die Franzosen. Denn was die Spanier betrifft, so passen sie nach Sprache und Sitten gar nicht so schlecht zu uns – trotzdem wollte ich sie auch aus dem Weg haben, damit Wir ganz und gar nach Unserem Belieben agieren konnten.

PETRUS: Verehren sie denn neben Christus noch andere Götter?

JULIUS: Das nicht, aber sie verehren Christus auf eine allzu fanatische Weise. Unglaublich, wie diese völlig verbohrten Menschen immer noch über so ein paar längst veraltete Wörtchen in Rage geraten!

PETRUS: Meinst du etwa Zaubersprüche?

JULIUS: Nugaris; immo simonia, blasphemia, sodomia, veneficio, sortilegio.

PETRUS: Bona verba!

JULIUS: Itidem ut tu nunc abominaris, et isti.

PETRUS: Omitto nomina; at res sunt apud vos, ut ne dicam apud ullos Christianos?

JULIUS: Sane barbari non ipsi vacant vitiis, sed cum diversis laborant; nostra execrantur, suis blandiuntur; nos contra nostris blandimur, illorum abominamur. Nos abominandum probrum ducimus, ac per fas nefasque fugiendum paupertatem; illi vix Christianum esse existimant opibus frui, vel sine fraude quaesitis. Nos ebrietatem nec nominare audemus (quamquam hac quidem in parte non ita vehementer ab illis dissentiam, si cetera conveniant); at Germani leve putant erratum et festivum magis quam sceleratum. Usuram vehementer execrantur illi; at apud nos nullum hominum genus aeque necessarium Ecclesiae Christi. Venerem praeposteram usque adeo spurcam ducunt illi, ut

JULIUS: Sei nicht albern. Ich meine Simonie, Blasphemie, Sodomie, Giftmischerei, Wahrsagerei ...

PETRUS: Hör bloß auf!

JULIUS: Siehst du: so unwirsch wie du reagieren auch sie.

PETRUS: Es geht mir nicht um die Worte; aber die Dinge selbst – gibt es die wirklich bei euch, oder irgendwo sonst in der Christenheit?

JULIUS: Aber sicher! Auch die Barbaren haben ihre Laster, aber es sind wieder andere, an denen sie laborieren. Sie ereifern sich gegen unsere und sind nachsichtig mit ihren eigenen; wir hingegen lieben die unseren und verabscheuen die ihren. Aber eine Sache betrachten wir als eine ganz abscheuliche, unter allen Umständen zu meidende Schande: die Armut. Sie wiederum halten es für geradezu unchristlich, großen Reichtum zu genießen, selbst wenn er auf ehrliche Weise erworben wurde. Wir vermeiden es, von Säuferei auch nur zu reden (obwohl ich der Sache nicht gar so fern stehe – wenn nur das übrige zusammenpassen würde) – den Deutschen gilt sie bloß als völlig harmlose Schwäche, die eher spaßig ist als verrucht. Während sie wiederum den Wucher in Grund und Boden verdammen, ist bei uns die Kirche Christi auf keine Sorte Menschen so dringend angewiesen wie gerade auf die Wucherer. Unnatürliche Lust erscheint ihnen etwas

si quis vel nominet modo, et aerem et solem existiment pollui; nobis longe diversa sententia est. Item simonia iam olim e rerum natura sublatum vocabulum, velut umbram adhuc formidant illi, et antiquatas iam veterum leges mordicus tenent; nos alio spectamus. Atque huiusmodi permulta sunt alia, in quibus nobis non convenit cum barbaris.

Proinde cum iam simus tam dissimili vitae instituto, procul arcendi sunt a nostris mysteriis, magis suspecturi si nesciant. Nam si semel intellexerint arcana curiae nostrae, protinus evulgant, et nescio quo pacto ad vitia reprehendenda sunt oculatissimi; scribunt maledicentissimas ad suos litteras; clamitant passim apud nos non esse sedem Christi, sed sentinam Satanae; de me disputant, num sic assecutus pontificium, sic vivens, pro Pontifice sim habendus.

Atque ita primum minuunt nostram apud ignotos sanctitatis opinionem, simul et auctoritatem, qui ante nihil de nobis audierant, nisi quod Christi vicem gereremus, et proximam atque adeo parem Deo potes-

so schmutziges, daß sie meinen, Luft und Licht würden verpestet, wenn man nur davon spricht – wir sehen das eher anders herum. Und was die Simonie angeht – ein Begriff, der längst vom Stand der Dinge überholt ist –, so ängstigen sie sich immer noch vor seinem bloßen Schatten und halten mit Zähnen und Klauen an den antiquierten Gesetzen der Altvorderen fest; wir aber schauen in die andere Richtung. Und es gibt noch eine Menge anderer Dinge, in denen wir nicht mit den Barbaren übererereinstimmen.

Nachdem wir nun einmal so verschieden in unserer Lebensart sind, muß man ihnen unbedingt den Zugang zu Unseren Mysterien verwehren, die sie umso mehr respektieren werden, je weniger sie davon wissen. Denn wenn sie einmal in die Geheimnisse Unserer Kurie eingeweiht sind, werden sie gleich alles an die große Glocke hängen, und irgendwie sind sie besonders scharfäugig, wenn es darum geht, anderer Leute Laster auszuspähen. Sie schreiben dann höchst verleumderische Episteln an ihre Landsleute; schreien überall herum, dies sei nicht der Stuhl Christi, sondern der Pfuhl Satans; und ereifern sich doch tatsächlich darüber, ob ich nach der Art meiner Papstwahl und meiner Lebensweise überhaupt als Pontifex zu betrachten sei!

Und so mindern sie zunächst bei den Unwissenden Unseren Ruf der Heiligkeit, und weiterhin auch Unsere Autorität bei jenen, die bis dahin nur dies von Uns gehört hatten, daß Wir an Christi Statt regierten und eine Macht ausübten, die der Gottes

tatem teneremus. Atqui his e rebus intolerabilis Ecclesiae Christianae iactura nascitur: dispensationes et pauciores et minoris vendimus; minor census redit ex episcopatibus et sacerdotiis et abbatiis; vulgus, si quid exigitur, malignius dat; breviter, undecunque parcior quaestus et steriliores nundinae; postremo fulmina quoque nostra minus ac minus horrent. Quod si semel eo processerint audaciae ut dicant sceleratum Pontificem nihil agere, ac fulmen minasque contempserint, nobis ad famem plane redierit res. Quod si procul abfuerint (ita ingenium est barbarorum), impensius venerabuntur, nosque litteris commode scriptis ex animi sententia rem geremus.

PETRUS: Non optime vobiscum agitur, si hinc pendet auctoritas apostolica, ut vita ignoretur, nesciantur technae. Nos nihil aliud optabamus, nisi ut universis esset cognitum quicquid vel in cubiculis ageremus; atque ita demum plurimi fiebamus, si vere innotuissemus. Verum illud expedi, adeo religiosos principes nunc habet mundus, tantaque est apud illos sacerdotum reverentia,

nahekommt, ja gleicht. All diese Dinge wirken sich auf unerträgliche Weise geschäftsschädigend für die Kirche Christi aus. Wir verkaufen weniger Dispense und müssen sie billiger abgeben; es kommt weniger Geld von den Bistümern, Pfründen und Klöstern herein; und wenn Spenden gesammelt werden, knausert das Volk! Kurzum, überall gehen die Geschäfte schlechter und der Handel wirft weniger ab. Und schließlich hat man auch immer weniger Angst vor Unserem Bannstrahl. Wenn die Dreistigkeit erst einmal soweit geht, daß man sagt, ein Verbrecher auf dem Papststuhl könne gar nichts ausrichten, und daß man sich um seine Blitze und Drohungen nicht mehr schert, dann steht Uns ganz offensichtlich der Hunger vor der Haustür. Wenn sie aber schön auf Distanz bleiben – so sind sie nämlich, die Barbaren – werden sie Uns umso hingebungsvoller verehren, und Wir können auf schriftlichem Weg und nach bestem Wissen ganz bequem Unser Geschäft betreiben.

PETRUS: Es steht aber nicht besonders gut um dich, wenn die apostolische Autorität von der allgemeinen Unkenntnis deiner Lebensweise und deiner Kunstgriffe abhängt. Wir wünschten uns damals nichts mehr, als alle Welt wissen zu lassen, was wir taten – und sei es im Schlafgemach; so wurden wir dadurch am meisten geschätzt, daß alle alles von uns wußten. Aber erkläre mir auch dies noch: hat die Welt heutzutage so fromme Fürsten, und ist ihre Ehrfurcht vor dem Priesteramt so groß, daß sie

ut ad unius, atque adeo talis nutum ad arma descenderint universi? Nam meis quidem temporibus hos infestissimos hostes patiebamur.

JULIUS: Quantum ad vitam attinet, non sunt admodum superstitiosi Christiani. Nos plane contemnunt ac pro nugamentis habent, nisi quod aliquot ex his infirmiores nonnihil metuunt terrificum illud fulmen excommunicationis; nec hi tamen perinde re atque opinione commoventur. Sunt qui nostras opes vel sperant vel metuunt, eoque nonnihil nostrae deferunt auctoritati. Quibusdam persuasum, ingens aliquod infortunium manere hos qui sacerdotibus qualibuscunque negotium facessunt. Omnes ferme, ut sunt civiliter educati, nonnihil tribuunt ceremoniis, praesertim a nobis provocati; nam ceremoniae ceu fabulae quaedam vulgo dantur. Ceterum res interim serio agitur. Nos illos magnificis titulis decoramus, etiamsi sint sceleratissimi: hunc "catholicum" appellantes, illum "serenissimum", alium "illustrissimum", alium "augustum"; omnes

alle miteinander auf den Wink eines einzigen (und noch dazu eines solchen) zu den Waffen greifen? Denn zu meiner Zeit hatten wir unter den Herrschern zu leiden wie unter den allerschlimmsten Feinden.

JULIUS: Wenn man ihre Lebensführung anschaut, dann sind unsere heutigen Christen nicht mehr allzu abergläubisch: Sie sind Uns gegenüber voller Geringschätzung und denken gar nicht daran, Uns ernst zu nehmen – nur ein paar von den Schwächeren haben noch so einigermaßen Angst vor dem furchtbaren Bannstrahl der Exkommunikation; doch auch ihnen geht es weniger um die Sache selbst als um die Schädigung ihres Rufes. Dann gibt es noch diejenigen, die auf Unsere Macht Hoffnungen setzen oder sie fürchten und sich deshalb Unserer Autorität bis zu einem gewissen Grade fügen. Andere wieder sind zu der Überzeugung gelangt, daß denen gewaltiger Ärger ins Haus steht, die sich mit irgendwelchen Vertretern der Kirche anlegen. Aber alle, soweit sie einigermaßen zivilisiert sind, wissen durchaus das Zeremoniell zu schätzen, wozu Wir sie ja auch abgerichtet haben. Denn Zeremonien werden, genau wie Komödien, dem Volk zu Gefallen aufgeführt. Übrigens wird die Sache gelegentlich auch mit allem Ernst betrieben. Dann dekorieren wir die Herrschaften mit großartigen Titeln, auch wenn es die allerletzten Halunken sind, nennen den einen „Erzkatholisch“, den nächsten „Durchlauchtigst“, den dritten „Illusterst“, den vierten „Erhaben“, und alle

“dilectos filios” nominamus. Illi vicissim nos “sanctissimos patres” in suis litteris vocant, et aliquoties ad oscula pedum se submittunt; et ubi non multum negotii vertitur, cedunt nonnunquam auctoritati nostrae, quo sibi pietatis opinionem apud vulgus parent. Nos illis rosas mittimus consecratas, tiaras, gladios, et illorum dignitatem maximis bullis confirmamus; illi vicissim mittunt equos, milites, pecuniam, nonnunquam et pueros, atque ita mutuum, quod aiunt, muli scabunt.

PETRUS: Si tales sunt, nondum intelligo quo pacto potueris summos reges ad gravissima bella concitare, praesertim ruptis tot foederibus.

JULIUS: Atque si nunc assequi possis ea quae dicam, intelliges ingenium plus quam apostolicum.

PETRUS: Adnitar equidem quoad potero.

JULIUS: Illud in primis mihi studio fuit, omnium gentium ac praecipue principum ingenia, mores, affectus, opes et conatus

zusammen „Unsere geliebten Söhne". Sie wiederum apostrophieren Uns in ihren Episteln als „Hochheiliger Vater" und lassen sich gelegentlich dazu herab, Uns die Füße zu küssen; und wenn nicht allzuviel auf dem Spiel steht, fügen sie sich sogar manchmal Unserer Autorität, wodurch sie sich beim Pöbel den Ruf der Frömmigkeit einhandeln. Wir schicken ihnen dafür geweihte Rosen, Kronen und Schwerter, und beglaubigen ihre Würde durch ellenlange Bullen. Im Gegenzug versorgen sie uns dann mit Pferden, Soldaten und Geld, bisweilen sogar mit Knaben – und so kratzt denn, wie es im Sprichwort heißt, ein Maultier das andere zu beider Nutz und Frommen.

PETRUS: Wenn sie aber alle so sind, wie du sagst, dann verstehe ich noch immer nicht, auf welchem Weg du die mächtigsten Könige in die schlimmsten Kriege hetzen konntest, zumal du ja zu diesem Zweck erst einmal alle möglichen Verträge brechen mußtest.

JULIUS: Jetzt hör mir einmal gut zu – und wenn du mir folgen kannst, wirst du mein mehr als apostolisches Genie erkennen.

PETRUS: Ich will mir alle Mühe geben.

JULIUS: Von Anfang an hatte ich es ganz darauf angelegt, mich mit der Geistesart, den Sitten, Leidenschaften, Machtmitteln und Bestrebungen aller Völker, und insbesondere ihrer Fürsten, gründlich

pernosse, cui cum quo conveniat, cui cum quo dissidium sit; deinde his omnibus ad nostram commoditatem uti. Principio Gallos facile concitavimus in Venetos, quod inter hos intercederet vetus atque antiqua simultas; deinde sciebamus eam gentem avidam imperii prorogandi, et Veneti illorum quoque nonnullas urbes occuparant: itaque meum negotium cum illorum negotio miscui. Tum Imperator quamquam alioqui non admodum amicus Gallo, tamen quia non erat alia spes a Venetis recipiendi quae tenebant (tenebant autem urbes aliquot egregias), pro tempore se huic bello adiunxit. Deinde cum non placeret Gallos supra modum crescere (res enim successerat felicius quam volebam), primum Hispaniarum regem in eos extimulavi; primum hominem non fidei adamantinae, deinde cuius magnopere referebat utcunque premi Gallorum potentiam, cum ob alia multa, tum praecipue ne quando ditione Neapolitana excluderetur.

Ad haec Venetos, tametsi non probarem, ficte tamen in gratiam recepi, ut hos quoque recentis cladis dolore exacerbatos in Gallos immitterem. Rursum Imperatorem, quem

vertraut zu machen: wer sich mit wem vertrug und wer mit wem im Streit lag; und dann, dies alles zu meinem Vorteil zu nutzen. Zunächst stachelten Wir ohne allzuviel Mühe Frankreich gegen Venedig auf, weil zwischen beiden eine uralte Rivalität bestand. Außerdem wußten Wir, daß die Franzosen danach gierten, ihre Herrschaft auszudehnen, und daß die Venezianer auch noch einige ihrer Städte besetzt hielten. Daher machte ich gemeinsame Sache mit ihnen. Dann wurde der Kaiser – sonst nicht gerade ein Freund der Franzosen – in diesem Krieg eine Zeitlang mein Verbündeter, weil er nur so hoffen konnte, den Venezianern das wieder abzujagen, was sie festhielten (und sie hielten ein paar stattliche Städte fest im Griff). Aber danach fand ich es nicht wirklich wünschenswert, die Franzosen übermächtig werden zu lassen - denn das Unternehmen verlief günstiger, als mir lieb war – und so hetzte ich erst einmal den spanischen König auf sie; einmal, weil er nicht gerade ein Mann von eiserner Loyalität war, und dann, weil er größtes Interesse daran haben mußte, die Macht Frankreichs mit allen Mitteln zu beschneiden, und noch aus vielen anderen Gründen, vor allem aber, weil ihm der ungehinderte Zugang zu seinen neapolitanischen Besitztümern am Herzen lag.

Weiterhin nahm ich, wenngleich höchst widerwillig, die Venezianer scheinbar erneut in Gnaden an, um die vom Schmerz ihrer jüngsten Niederlage Erbitterten gegen Frankreich ins Feld zu schicken. Den Römischen Kaiser machte ich den Franzosen

paulo ante cum Gallis coniunxeram, ab illis distraxi; idque partim pecuniis, quae apud hominem egentem semper valent plurimum, partim litteris et nuntiis renovato veteri in Gallos odio, quo vir ille mirum quam semper flagrarit, etiamsi deerat ulciscendi facultas. Iam Anglis sciebam genuino odio esse in Gallorum gentem, et in iis coniunctissimos Scotos; ad haec intelligebam nationem praeferocem et belli cupidam, idque potissimum praedandi spe; tum etiam superstitiosam aliquantulum, quod longissime absit a Roma; postremo id temporis nova libertate (quae tandem illis morte regis omnium severissimi contigerat) insolentes ac paene tumultuantes, ut facile iam possent ad quamvis insaniam extimulari, quodque maxime volebam. Accessit ad opportunitatem rerum mearum rex admodum adulescens, vel puer potius et nuper regno potitus, ingenio acri vividoque ac vere iuvenili, hoc est inquieto et bellicoso, nec aetate tantum ambitiosus, et ad res non mediocres erectus; qui iam tum a primis annis huc spectasse dicebatur, ut Gallos adoriretur armis; super omnia affinis erat Hispano regi, quem iam ad arma traxeram.

wieder abspenstig, nachdem ich ihn eben noch mit ihnen zusammengebracht hatte; teils durch Gelder, die bei einem, der ewig in Geldnöten steckt, immer am meisten ausrichten, teils durch Sendschreiben und Gesandte, um seinen alten Haß auf die Franzosen (der auch ohne Aussicht auf Rache wunderbar in ihm loderte) ordentlich anzufachen. Und was die Engländer anging, so kannte ich ihre angeborene Abneigung gegen das Volk der Franzosen und gegen dessen Busenfreunde, die Schotten. Außerdem wußte ich, daß sie als Nation ungebärdig und kriegslüstern waren, besonders dann, wenn es Aussicht auf Beute gab; und daß sie auch ein wenig zum Aberglauben neigten, weil sie gar so fern von Rom lebten. Und dann sind sie übermütig geworden und fast außer Rand und Band geraten dank der ungewohnten Freiheit, die ihnen durch den Tod des strengsten aller Könige zufiel, so daß sie sich mit Leichtigkeit zu irgendeiner Verrücktheit aufstacheln ließen – was mir nur allzu gelegen kam. Ein weiterer Vorteil für mich war das recht jugendliche Alter ihres neuen Königs, der – fast als Knabe noch – eben erst zur Herrschaft gelangt war: ein lebhafter, heftiger, ganz und gar unausgegorener Geist, also zappelig und kampflustig, war er nicht nur von Jugendehrgeiz getrieben, sondern überhaupt auf recht große Dinge aus. Seit frühester Kindheit, so hieß es, brannte er darauf, die Franzosen anzugreifen; vor allem aber war er mit dem spanischen König, den ich schon in den Konflikt hineingezogen hatte, verschwägert.

Hisce rebus omnibus usus sum ad Ecclesiae commoditatem; ac sexcentis litteris non absque ingenio scriptis tandem involui principes bello omnium gravissimo. Neque vero quemquam ceterorum intentatum reliqui, neque regem Hungarorum, neque Lusitaniae, neque Burgundionum regibus parem ducem. Verum quia ad hos nihil harum rerum attinebat, perpellere non quivi; et sciebam his tumultuantibus neminem ceterorum quieturum.

Hi igitur cum suo morem gererent animo, tamen honestissimum titulum acceperunt a nobis, ut quo maiorem cladem inferrent populo Christiano, hoc religiosius viderentur Ecclesiam Dei protegere. Atque uti magis admireris vel ingenium meum vel felicitatem, belligerabatur id temporis Hispaniae rex cum Turcis incredibili rerum successu maximoque suo quaestu, et tamen illis omnibus omissis in Gallum universas vires convertit.

Ad haec Imperator non foederibus modo multis, verumetiam beneficiis immensis devinctus erat Gallis, vel hoc nomine, quod horum sumptu operaque suas in Italia civitates recepisset. Et hic erat quod ageret:

All diese Umstände nutzte ich zugunsten der Kirche aus und schrieb jede Menge Episteln, übrigens nicht ohne ein gutes Maß an Schlauheit, um am Ende all diese Fürsten in die allerschlimmsten Kämpfe zu verstricken. Auch von den übrigen ließ ich keinen unbearbeitet, weder den König von Ungarn noch den von Portugal, auch nicht den Herzog von Burgund, der den Königen ebenbürtig ist. Aber da sie an diesen Angelegenheiten kein direktes Interesse hatten, konnte ich sie nicht zur Teilnahme verleiten. Doch eines wußte ich ganz genau: solang bei den einen Kriegsgetümmel herrschte, würden die übrigen auch keine Ruhe finden.
Obgleich die kämpfenden Parteien, wie gesagt, aus reiner Selbstsucht handelten, erhielten sie doch von Uns die allerschönsten Ehrentitel: je schlimmer die Verheerungen, die sie der Christenheit zufügten, als desto frömmere Beschützer der Kirche Gottes sollten sie dastehen! Damit du aber mein Genie – oder auch mein gutes Glück – erst so richtig bestaunen kannst, vernimm noch dies: Der spanische König, der damals mit unglaublichem Erfolg und auch mit ungeheuerem Gewinn die Türken bekriegte, ließ dies alles im Stich und wandte seine ganze Streitmacht gegen die Franzosen!
Der Kaiser seinerseits war den Franzosen nicht nur durch zahlreiche Verträge, sondern auch durch größere Gefälligkeiten engstens verbunden, hatte er sich doch auf ihre Kosten und mit ihrer Hilfe seine italienischen Städte zurückgeholt. Hier hätte er Grund genug gehabt, um tätig zu werden; nämlich

nempe ut sua tueretur, iam enim Patavium desciverat; et in Burgundia, nempe ut Geldros hostes gravissimos, in quos belli suscipiendi fuerat auctor, a nepote suo Burgundionum principe depelleret. Et tamen effeci, ut suis omissis meum ageret negotium.

Tum nulla gens est apud quam minus valeat summi Pontificis auctoritas quam Anglorum (id quod protinus liquebit, siquis divi Thomae Cantuariensis episcopi vitam ac veterum regum constitutiones evoluerit); ea tamen gens, alioqui exactionum impatientissima, passa est propemodum se deglubi. Mirum autem quomodo sacerdotes quoque, qui nobis consueverant quicquid possunt subtrahere, eo adduxerim ut regi tributum numerarent, haud perpendentes cuiusmodi fenestram regibus in posterum aperuerint; quamquam nec ipsi reges satis animadvertebant quod exemplum induxerint adversus seipsos, nempe ut liceat postea Romano sacrifico regno movere quem oderit principem. Et rex adolescens maiori etiam motu rem aggressus est quam volebam aut quam iusseram, tametsi malebam in hanc peccari partem. Iam vero longum fuerit explicare sigillatim, quibus

um seine Besitztümer zu verteidigen, denn schon war Padua von ihm abgefallen; und ebenso in Burgund, um seinen Enkel, den Burgunderfürsten, vor seinen bittersten Feinden zu schützen, den Gelderländern, gegen die er seinerzeit einen Krieg angezettelt hatte. Trotz alledem ist es mir gelungen, ihn von seinen Geschäften abzulenken, damit er die meinen betrieb.

Weiterhin gibt es wohl kein Volk auf Erden, bei dem das Ansehen des Papstes weniger gilt als bei den Engländern (was jedem sogleich klar wird, der das Leben des Hl. Thomas, Erzbischofs von Canterbury, oder die Statuten ihrer alten Könige nachliest). Und trotzdem duldete es diese Nation, die sich sonst höchst ungern irgendwelche Steuern abpressen läßt, daß man sie fast bis auf die Haut ausplünderte. Das Tollste war, daß ich sogar die Priester, die Uns normalerweise möglichst viel bare Münze vorenthalten, dazu brachte, die königlichen Abgaben zu zahlen – sie dachten wohl nicht daran, welche Bresche sie da für die künftigen Monarchen schlugen; ebensowenig wie die Könige so recht bedachten, welches Exempel sie gegen sich selbst ins Werk setzten: Künftig durfte somit der Römische Oberpriester jeden mißliebigen Herrscher vom Thron jagen! Der junge König ging die Sache energischer an als ich beabsichtigt oder befohlen hatte, jedoch ließ ich ihn nicht ungern in dieser Richtung über die Stränge schlagen. Nun aber genug davon: es wäre zu langwierig, dir jetzt in allen Einzelheiten zu erklären, auf welch raffinierte Weise ich so viele

artibus eos principes ad tam periculosum bellum excitarim in Christianos, quos nullus unquam Pontifex vel in Turcas potuit excitare.

PETRUS: At fieri potest, ut bellorum incendium per te suscitatum universum denique mundum corripiat?

JULIUS: Corripiat sane, modo Romana sedes dignitatem et possessiones tueatur suas; tametsi conatus sum omnem belli molem ab Italis in barbaros rejicere; dimicent illi quantum libet, nos spectabimus et fortassis illorum fruemur insania.

PETRUS: Pertinet hoc ad pastorem et patrem sanctissimum et Christi vicarium?

JULIUS: Cur excitant schisma?

PETRUS: Atqui peccata nonnunquam ferenda sunt, si plus malorum est a medela. Deinde si tu concilium admisisses, non erat locus schismati.

JULIUS: Bona verba! ego sexcenta bella malim quam concilium. Quid si me

Herrscher in einen derart aufreibenden Krieg gegen Christenmenschen getrieben habe, die noch kein Papst jemals auch nur zu einem Krieg gegen die Türken bewegen konnte.

PETRUS: Und wenn der von dir geschürte Brand des Krieges schließlich auf die ganze Welt überspringt?

JULIUS: Soll er doch springen! – solange nur Würde und Besitztümer des Römischen Stuhles unangetastet bleiben. Aber immerhin habe ich mich bemüht, die gesamte Kriegsbürde von den Italienern auf die Barbaren abzuwälzen. Sollen die doch nach Herzenslust raufen – Wir wollen Zuschauer sein und hoffentlich aus ihrem Irrsinn Kapital schlagen.

PETRUS: Ist das die passende Einstellung für einen Hirten, für einen Hochheiligen Vater und Statthalter Christi?

JULIUS: Warum mußten sie denn unbedingt diese Spaltung herbeiführen?

PETRUS: Manchmal heißt es eben ein Übel ertragen, wenn das Heilmittel noch schlimmer ist. Und schließlich wäre es zu gar keiner Spaltung gekommen, hättest du nur das Konzil akzeptiert.

JULIUS: Unsinn! Ich wollte lieber tausend Kriege ertragen als ein einziges Konzil. Was, wenn sie mich

submovissent a pontificio veluti simoniacum et negotiatorem pontificii, non Pontificem? Quid si omnem vitam meam perdidicissent prodidissentque in vulgus?

PETRUS: Etiam si verus Pontifex esses, tamen satius erat honori cedere quam tantis orbis Christiani malis tuam dignitatem tueri; si modo dignitas est episcopatus indigno commissus, ac ne commissus quidem, sed emptus et arreptus. Unde illud mihi obiter venit in mentem, te consilio quodam divino Gallis extitisse pestem, qui prius Ecclesiae te pestem invexerunt.

JULIUS: Per triplicem coronam meam iuro, perque meos clarissimos triumphos, si mihi bilem moveris, senties et tu vim Julii.

PETRUS: O phreneticum! Verum hactenus nihil audio, nisi ducem non ecclesiasticum, sed mundanum, nec mundanum tantum, sed ethnicum, immo ethnicis sceleratiorem. Gloriaris te plurimum potuisse ad discindenda foedera, ad inflammanda bella, ad strages hominum excitandas. Ista Satanae potestas est, non Pontificis. Qui Christi

aus meinem Pontifikat entfernt hätten, als Simonisten, pontifikalischen Schacherer und Pseudopapst? Was, wenn sie meinen ganzen Lebenslauf ausgeforscht hätten, um das Ergebnis in alle Welt hinauszuposaunen?

PETRUS: Auch wenn du der rechtmäßige Papst wärst, tätest du besser daran, dein hohes Amt aufzugeben, als deine Würde durch den Ruin der ganzen Christenheit zu befestigen; wenn denn das einem Unwürdigen verliehene – ja, nicht einmal verliehene: gekaufte, usurpierte – Episkopat wirklich eine Würde ist. Deshalb kommt mir so nebenbei der Gedanke, daß du vielleicht nach göttlichem Plan zu einer wahren Pest für die Franzosen geworden bist, weil sie dich zuvor instand gesetzt haben, eine Pest für die Kirche zu werden.

JULIUS: Bei meiner dreifachen Krone, bei meinen glanzvollsten Triumphen schwöre ich dir: wenn du mir die Galle reizt, wirst auch du die Macht des Julius zu spüren bekommen!

PETRUS: O du kranker Geist! Was ich bisher von dir höre, sind nicht die Worte eines kirchlichen, sondern eines weltlichen Herrschers – nein, nicht einmal weltlich, sondern heidnisch, und schlimmer als alle Heiden. Du brüstest dich deiner großen Taten als Vertragsbrecher, als Kriegshetzer und Anstifter von Schlächtereien: eine satanische, keine pontifikale Gewalt. Wer sich zum Statthalter Christi

vicarium se facit, eum oportet ad illius exemplar quam proxime accedere. Est in illo summa potestas, sed cum summa bonitate coniuncta; est summa sapientia, sed simplicissima. In te potestatis imaginem video cum summa malitia summaque stultitia copulatam. Quod si malorum princeps diabolus vicarium sibi cupiat subrogare, quem potius asciscat quam tui similem? Dic ubi virum apostolicum egeris?

JULIUS: Quid magis apostolicum quam augere Christi Ecclesiam?

PETRUS: Atqui si Ecclesia est populus Christianus, Christi spiritu conglutinatus, subvertisse mihi videris Ecclesiam, qui orbem universum ad teterrima bella concitaris, quo tu impune malus et pestilens esses.

JULIUS: Nos Ecclesiam vocamus sacras aedes, sacerdotes, et praecipue curiam Romanam, me in primis, qui caput sum Ecclesiae.

PETRUS: At Christus nos ministros fecit, se caput, nisi nunc secundum caput accreverit. Sed quibus tandem aucta est Ecclesia?

macht, muß sich anstrengen, Ihm nach Möglichkeit ähnlich zu werden. In Ihm ist höchste Machtvollkommenheit, verbunden mit höchster Güte, höchste Weisheit zugleich mit höchster Einfalt. In dir sehe ich das Bild der Gewalt verbunden mit höchster Bosheit und höchster Verblendung. Wenn sich nun Satan als Fürst der Bosheit einen Stellvertreter suchen würde, wen könnte er dann eher wählen als einen Deinesgleichen? Sag mir doch einmal: Wo hast du je wie ein Apostel gehandelt?

JULIUS: Was wäre denn apostolischer, als die Kirche Christi zu mehren?

PETRUS: Aber wenn die Kirche nun nichts anderes ist als das Christenvolk, verbunden durch den Geist Christi, dann hast du offenbar in dieser Kirche das Unterste zuoberst gekehrt, da du den ganzen Erdkreis in abscheuliche Kriege stürzen mußtest, nur um ungestraft deine pestilentialischen Übeltaten zu begehen.

JULIUS: Wir dagegen verstehen unter der Kirche die Kirchenbauwerke, die Priester und die Kurie – und vor allem Uns selbst, als Haupt der Kirche.

PETRUS: Aber hat uns nicht Christus zu Dienern gemacht? Er ist das Haupt – falls nicht inzwischen irgendein zweites Haupt nachgewachsen ist. Und worin besteht eigentlich deine ‚Mehrung' der Kirche?

JULIUS: Nunc ad rem accedis; itaque dicam. Illa olim famelica et pauper Ecclesia nunc adeo floret ornamentis omnibus.

PETRUS: Quibus? Ardore fidei?

JULIUS: Rursum nugaris.

PETRUS: Sacra doctrina?

JULIUS: Obtundis.

PETRUS: Contemptu mundi?

JULIUS: Sine me dicere. Veris inquam ornamentis; nam istaec verba sunt.

PETRUS: Quibus igitur?

JULIUS: Palatiis regalibus, equis et mulis pulcherrimis, famulitio frequentissimo, copiis instructissimis, satellitiis exquisitis;

GENIUS: Scortis formosissimis, lenonibus obsequentissimis.

JULIUS: auro, purpura, vectigalibus, ut nullus regum non humilis ac pauper videatur si cum Romani Pontificis opibus strepituque conferatur,

JULIUS: Jetzt kommst du endlich zur Sache! Also laß dir sagen: Deine einstmals so armselige und hungerleidige Kirche erstrahlt heute in unaussprechlichem Glanz!

PETRUS: Und woher kommt dieser Glanz? Aus der Glut des Glaubens?

JULIUS: Du machst schon wieder Witze.

PETRUS: Aus theologischer Weisheit?

JULIUS: Jetzt reichts mir langsam!

PETRUS: Aus der Verachtung der Welt?

JULIUS: Hör mir doch endlich zu! Ich rede von echtem Glanz – du machst nur leere Worte.

PETRUS: Also, was für ein Glanz?

JULIUS: Ich meine königliche Paläste, herrliche Pferde und Maultiere, zahllose Diener, bestens ausgebildete Truppen, ein erstklassiges Gefolge ...

GEIST: – dazu noch die reizendsten Huren und die diensteifrigsten Kuppler –

JULIUS: ... ferner Gold, Purpur und großartige Einkünfte, sodaß, gemessen am Reichtum und Pomp des Römischen Papstes, jeder König ganz schön

nemo tam ambitiosus, quin se victum agnoscat, nemo tam lautus, quin suam condemnet frugalitatem, nemo tam nummatus, nec faenerator, quin nostris invideat opibus. Haec inquam ornamenta et tutatus sum et auxi.

PETRUS: Sed dicito mihi, quis omnium primus istis ornamentis et inquinavit et oneravit Ecclesiam, quam Christus purissimam pariter et expeditissimam esse voluit?

JULIUS: Quid istud ad rem attinet? Certe quod est caput, tenemus, possidemus, fruimur; quamquam aiunt Constantinum quondam universam imperii sui maiestatem in Sylvestrum Romanum Pontificem transfudisse, phaleras, equos, currus, galeam, balteum, paludamentum, satellitium, enses, coronas aureas, et auri quidem purissimi, exercitus, machinas bellicas, urbes, regna.

PETRUS: Et extant istius munificentiae certa monumenta?

JULIUS: Nulla praeter paleam unam decretis admixtam.

PETRUS: Fabula fortassis est.

arm und erbärmlich aussehen müßte; daß auch der Ehrgeizigste sich für ausgestochen erklärt, selbst der Üppigste seine Dürftigkeit verflucht und noch der betuchteste Wucherer Uns um Unsere Schätze beneidet. Diesen Glanz meine ich, ihn habe ich bewahrt und gemehrt.

PETRUS: Eines mußt du mir aber noch verraten: Wer hat eigentlich als allererster mit diesen deinen Glanzstücken die Kirche beschmutzt und beschwert, die Christus doch völlig rein und ganz und gar unbelastet halten wollte?

JULIUS: Tut das denn irgendwas zur Sache? Hauptsache, Wir haben sie, besitzen sie, genießen sie. Also gut: Es heißt, ein gewisser Konstantin habe einst die ganze Majestät seiner Herrschaft auf den Römischen Papst Sylvester übertragen – das ganze Drum und Dran, Pferde und Wagen, Helm und Gurt, Mantel und Ornat, Schwerter, goldene Kronen – natürlich vom allerfeinsten Gold! –, Heere und Kriegsmaschinen, Städte und Reiche.

PETRUS: Und gibt es denn für diese Freigebigkeit verläßliche Urkunden?

JULIUS: Nichts außer einem Nachtrag, der den Dekretalien angefügt wurde.

PETRUS: Dann ist das Ganze vielleicht nur eine Legende?

JULIUS: Id vel ex meipso conjicio. Quis enim sanus tam magnificum imperium cederet vel patri? Sed tamen valde libet credere, et curiosis haec refellere conantibus silentium magnum minis indicimus.

PETRUS: Atqui nihil adhuc audio nisi mundum.

JULIUS: Tu fortasse veterem illam Ecclesiam adhuc somnias, in qua tu cum famelicis aliquot episcopis frigidum sane pontificem agebas, paupertati, sudori, periculis ac mille obnoxius incommodis. Iam aetas in melius commutavit omnia. Alia longe res nunc est Romanus Pontifex; tu nomine tituloque dumtaxat eras Pontifex. Quid si nunc videres tot sacras aedes regiis extructas opibus, tot ubique sacerdotum milia, plerosque censu amplissimo, tot episcopos armis et opibus summis pares regibus, tot splendidissima sacerdotum palatia; praecipue vero si nunc Romae videas tot purpuratos cardinales, legionibus famulorum stipatos, tot equos plus quam regios, tot mulos bysso, auro,

JULIUS: Im Grund sehe ich das auch so. Denn welcher Mensch, der noch bei Verstand ist, würde ein so großartiges Reich jemandem abtreten, und sei es dem geistlichen Vater? Aber es ist höchst vorteilhaft für mich, an die Sache zu glauben, und all den Vorwitzigen, die sie zu widerlegen suchen, haben Wir unter Drohungen strengstes Stillschweigen auferlegt.

PETRUS: Alles was ich bis jetzt von dir gehört habe, betrifft immer nur weltliche Dinge.

JULIUS: Du träumst wohl immer noch von der uralten Kirche, in der du im Verein mit ein paar halbverhungerten Bischöfen eine traurige Rolle als Papst gespielt hast, in Armut, Mühsal und Gefahr, und tausend Unannehmlichkeiten ausgesetzt. Doch mit der Zeit hat sich längst alles zum Besseren gewendet. Der Papst von Rom ist heutzutage ein ganz anderer als damals. Du warst ja nur dem Namen und Titel nach Papst. Ich wollte, du könntest heute die vielen, mit königlichen Schätzen errichteten Kirchenbauten sehen, die vielen tausend Priester überall (zumeist mit überreichen Einkünften gesegnet), so viele Bischöfe, die an Heeresmacht und Reichtum den größten Königen gleichkommen, so viele prächtige Paläste der Geistlichkeit; vor allem aber die vielen purpurgekleideten Kardinäle in Rom, umdrängt von einer zahllosen Dienerschar, die vielen Pferde von mehr als königlicher Statur, die Maultiere, geschmückt mit Linnen, Gold und

gemmis ornatos, aliquot soleis etiam aureis et argenteis calceatos ?
Iam si summum Pontificem conspiceres sublimen in aurea sella militum humeris vehi, ad manum motam passim omnes adorantes; si crepitum audires bombardarum, si clangorem tubarum, si bombos classicorum, si fulmina machinarum videres, si populi applausus, si acclamationes, si omnia taedis collucentia, si summos etiam principes ad beatorum oscula pedum vix admitti; si spectasses Romanum illum sacerdotem pede coronam auream imponentem Imperatori Romano, qui rex est regum omnium (si quid modo valent iura scripta), quamquam nihil obtinet nisi magni nominis umbram: haec inquam si vidisses audissesque, quid tandem diceres?

PETRUS: Tyrannum plus quam mundanum videre me, Christi hostem, Ecclesiae pestem.

JULIUS: Secus loquereris. Si vel unum meorum triumphorum spectasses, vel eum quo Bononiam sum invectus, vel quem egi Romae subactis Venetis, vel quo Bononi

Edelsteinen und manchmal sogar mit Gold und Silber beschlagen!
Und wenn du erst den Papst selbst sehen könntest, wie er hoch erhaben auf goldenem Thron dahinzieht, getragen von einer Schar Bewaffneter, und wie alle auf sein Handzeichen hin anbetend niedersinken; wenn du den Donner der Kanonen, das Fanfarengeschmetter, den Hörnerschall, das Aufblitzen der Geschütze erlebt hättest, den Beifall und die Hochrufe der Menge, wie alles im Glanz der Fackeln erstrahlt, wie selbst die höchsten Fürsten nur mit Mühe zum Kuß der heiligen Füße Zulaß finden; und wenn du dann sehen könntest, wie der Oberste Priester Roms dem Kaiser, dem König aller Könige (wenn geschriebenes Gesetz noch irgendetwas gilt) – der freilich nur noch den Schatten eines großen Namens besitzt – mit dem Fuß die goldene Krone aufs Haupt setzt: ich sage, wenn du dies alles hättest sehen und hören können, was würdest du da sagen?

PETRUS: Daß ich einen mehr als weltlichen Tyrannen gesehen hätte, den Feind Christi und das Unheil der Kirche.

JULIUS: Nein, du würdest ganz anders reden – besonders, wenn du auch nur einen meiner Triumphe miterlebt hättest; etwa den, mit dem ich in Bologna eingezogen bin, oder jenen, den ich nach meinem Sieg über Venedig in Rom abhielt, oder den anderen, mit dem ich auf der Flucht aus Bologna meine

fugiens Romam sum revectus, vel quem hic egi postremum, Gallis praeter omnem spem fusis apud Ravennam; si mannos, si caballos, si militum armatorum aciem, si ducum ornamenta, si delectorum spectacula puerorum, si faces undique lucentes, si ferculorum apparatum, si pompam episcoporum, si cardinalium fastum, si trophaea, si manubias, si in coelum reboantes plebis ac militum acclamationes, si plausu perstrepentia omnia, si lituorum cantum, tubarum tonitrua, bombardarum fulmina, si sparsos in populum nummos, si me veluti numen quoddam sublimen ferri spectasses, totius pompae caput et auctorem: tum Scipiones, Aemilios, Augustos sordidos ac frugales dixisses prae me.

PETRUS: Ohe! satis triumphorum, gloriosissime miles! Immo illos, licet ethnicos, odio tui complector, qui caesis tua causa tot Christianorum milibus triumphos agebas sanctissimus in Christo pater, tot legionibus interitus auctor extitisti, qui ne unam animulam neque verbo neque vita Christo lucrifeceris.

Rückkehr nach Rom feierte, oder schließlich noch jenen, den ich mir dort gegeben habe, nachdem die Franzosen bei Ravenna so völlig unerwartet zu Boden geworfen worden waren. Hättest du nur die Fohlen gesehen, die Pferde, die Parade der Bewaffneten, den Pomp der Anführer, die Augenweide auserlesener Knaben, das Lodern der Fackeln an allen Ecken, den Aufwand der Schaustellungen, die Prozession der Bischöfe, den Prunk der Kardinäle, die Trophäen und Beutestücke, hättest du die vom Himmel widerhallenden Zurufe der Menge und der Soldaten gehört, den aufbrandenden Beifall, die Musik der Signalhörner, den Klang der Fanfaren, hättest du erlebt, wie die Geschütze Blitze schleudern und ein Regen von Münzen sich über das Volk ergießt – und wie schließlich ich, einer Gottheit gleich, hoch oben vorbeigetragen werde, ich, der Urheber und Mittelpunkt der ganzen Schau: dann hättest du zugeben müssen, daß Leute von der Art eines Scipio, Aemilius oder Augustus im Vergleich zu mir armselige Knicker waren.

PETRUS: Ha, Schluß jetzt mit deinen Triumphen, du ruhmredigster aller Soldaten! Diese Heiden aber will ich allesamt ans Herz drücken, aus lauter Abscheu vor dir, der du, Hochheiliger Vater in Christo, nach dem Mord an so vielen tausend Christen deine Triumphe zelebrieren mußtest; der verantwortlich ist für die Auslöschung so vieler Legionen; der durch Wort und Tat auch nicht eine einzige kleine Seele jemals für Christus hinzugewonnen hat.

O paterna viscera! o dignum Christi vicarium, qui semetipsum impendit ut omnes servaret! Tu ut unum pestilens defenderes caput, totius orbis exitium accersisti.

JULIUS: Ista loqueris, quod invideas gloriae nostrae, dum perspicis quam humilis fuerit tuus episcopatus cum nostro collatus.

PETRUS: Audes, impudens, tuam gloriam cum mea conferre? tametsi mea gloria Christi gloria est, non mea. Primum omnium si mihi das Christum optimum esse verumque principem Ecclesiae, ipse mihi claves regni dedit, ipse pascendas oves commisit, ipse meam fidem suo praeconio approbavit: te pecunia, te studia mortalium, te fraudes fecere Pontificem, si modo Pontifex is appellandus est. Ego tot animarum milia Christo lucrifeci; tu tot in exitium traxisti. Ego Romam antea gentilem primus Christum docui; tu Christianae iam gentilitatis extitisti magister. Ego vel umbra corporis sanabam aegrotos, liberabam a daemonio vexatos, ad vitam revocavi

O du Vater vom echten Fleisch und Blut! O würdiger Stellvertreter Christi – jenes Christus, der sich einst geopfert hat, um alle Menschen zu erlösen! Du aber, um ein einziges verruchtes Haupt zu retten, hast den Ruin der ganzen Welt heraufbeschworen.

JULIUS: Das sagst du doch nur, weil du auf Unseren Ruhm neidisch bist – denn du siehst ganz genau, wie erbärmlich dein Pontifikat war, wenn du es mit dem Unseren vergleichst.

PETRUS: Wie, du Unverschämter, du unterstehst dich, deinen Ruhm mit meinem zu vergleichen (der freilich nicht mein eigener ist, sondern der Ruhm Christi)? Falls du mir erst einmal zugestehst, daß Christus das beste und wahre Oberhaupt seiner Kirche ist, so bedenke: Er selbst übergab mir die Schlüssel Seines Reiches, Er selbst vertraute mir die Aufgabe an, Seine Schafe zu weiden, Er selbst hat durch Sein Lob meinen Glauben anerkannt. In deinem Fall jedoch war es das Geld, war es die Liebedienerei anderer Menschen, war es der nackte Betrug, was dich zum Papst machte – wenn man so einen denn Papst nennen soll. Ich war es, der viele tausend Seelen für Christus gewann: du hast sie zu Tausenden ins Verderben gestürzt. Ich brachte als erster einem noch heidnischen Rom die Lehre Christi: du hast dich im christlichen Rom als Lehrer des Heidentums betätigt. Ich heilte mit dem bloßen Schatten meines Körpers die Kranken, erlöste Besessene von ihren bösen Geistern, rief sogar Tote ins

defunctos, et quacunque inciderem, beneficiis implebam omnia.
Quid simile tui habuere triumphi? Poteram verbo quem voluissem tradere Satanae, et quantum potuerim, experta est Saphira cum suo marito; tamen quicquid habebam potestatis, in utilitatem omnium consumpsi; tu omnibus inutilis, si quid poteras (immo et quod non poteras?) ad publicam orbis perniciem vertisti.

JULIUS: Demiror cur in catalogo gloriarum tuarum non haec etiam addis: pauperiem, vigilias, sudores, tribunalia, carceres, vincula, probra, plagas, cruces denique.

PETRUS: Recte admones; nam istis de rebus iustius gloriabor quam de miraculis. Horum nomine Christus nos iussit gaudere et exultare; horum nomine nos beatos vocavit. Ita Paulus, collega quondam meus, cum sua iactat facinora, non commemorat urbes armis expugnatas, non legiones ferro caesas, non orbis principes ad bella concitatos, non fastus tyrannicos; sed naufragia, vincula, flagra, pericula, insidias:

Leben zurück, und erfüllte jeden Ort, an den ich kam, mit lauter Wohltaten.
Hat dies alles irgendwelche Ähnlichkeit mit deinen Triumphen? Ich konnte mit einem einzigen Wort an Satan übergeben, wen ich wollte; und Saphira mit ihrem Gatten bekam zu spüren, wie weit meine Macht reichte. Und doch, was immer ich an Macht besaß, ich habe es nie anders als zum Nutzen aller angewandt. Du aber bist allen unnütz, und was dir an Macht zu Gebote stand (aber was stand dir nicht zu Gebote?) hast du zum Unheil des ganzen Erdkreises eingesetzt.

JULIUS: Ich muß mich doch sehr wundern, weshalb du der langen Liste deiner Ruhmestitel nicht auch noch folgende hinzufügst: Armut, schlaflose Nächte, vergossenen Schweiß, Gericht, Kerker, Ketten, Schmähungen, Schläge, und am Ende das Kreuz.

PETRUS: Gut, daß du mich daran erinnerst; denn diese Dinge sind noch rühmlicher für mich als die Wunder. In ihrem Namen forderte uns Christus auf zu Freude und Frohlocken, um ihretwillen nannte er uns selig. Und deshalb zählt Paulus, mein Gefährte von damals, wenn er sich seiner Taten rühmt, nicht irgendwelche eroberten Städte auf, auch nicht mit dem Schwert niedergemähte Legionen, oder zum Krieg aufgestachelte Fürsten, oder tyrannische Schaustellungen, sondern Schiffbrüche, Fesseln, Geißelhiebe, Prüfungen und Nachstellungen: So sehen

hic est triumphus vere apostolicus, haec est gloria Christiani ducis. Iactat ille quos genuerit Christo, quos ab impietate retraxerit, non quot ducatorum milia congesserit. Denique nos cum Christo perpetuum iam agentes triumphum laudibus prosequuntur et mali; te nemo non execrabitur, nisi vel tui similis vel adulator.

JULIUS: Rem inauditam audio.

PETRUS: Credo; nam qui tibi fuisset otium evangelicas evolvere litteras, Pauli measque epistolas lectitare, tot legationibus, tot foederibus, tot rationibus, tot exercitibus, tot triumphis occupato? At ceterae quidem artes omnes animum desiderant sordidis vacuum curis; Christi vero disciplina pectus requirit ab omni contagio terrenae sollicitudinis purgatissimum. Nec enim tantus magister e coelo descendit in terras, ut facilem aliquam aut vulgarem philosophiam traderet mortalibus. Non otiosa neque secura professio est esse Christianum. Voluptates omnes ceu venenum aspernari, divitias perinde ut lutum calcare, vitam pro nihilo ducere: haec est Christiani hominis professio.

wahrhaft apostolische Triumphe aus, so die Ruhmestitel eines christlichen Feldherrn. Er rühmt sich, wie viele Seelen er für Christus neugeboren, wie viele er der Gottlosigkeit entrissen hat, und nicht wie viele tausend Dukaten er aufzuhäufen verstand. Schließlich ist uns, die wir schon mit Christus einen ewigen Triumph feiern, selbst das Lob des Bösen gewiß: Dich aber werden alle verwünschen, wenn sie nicht gerade deinesgleichen sind oder deine Speichellecker.

JULIUS: In meinem ganzen Leben habe ich so etwas noch nicht gehört!

PETRUS: Das glaube ich gern. Denn wie hättest du je Zeit gefunden, die Evangelien aufzuschlagen, um meine Briefe und die des Paulus gründlich zu lesen, wo du doch mit so vielen Gesandtschaften, Bündnissen, Kalkulationen, Kriegszügen und Triumphen beschäftigt warst? Auch die übrigen Disziplinen verlangen allesamt einen Geist, frei von niedrigen Interessen; die Lehre Christi jedoch will darüber hinaus ein Herz, das von aller Befleckung durch irdische Begierden vollständig rein ist. Ein solcher Meister ist nicht vom Himmel auf die Erde herabgestiegen, um die Menschen eine bequeme oder gängige Philosophie zu lehren. Christ zu sein ist weder eine müßige noch sorgenfreie Berufung: Alle Lüste wie Gift zu achten, Reichtum wie Schmutz mit Füßen zu treten, das eigene Leben gering zu schätzen – das ist die wahre Berufung eines Chris-

Haec quoniam intoleranda videntur iis qui Christi spiritu non aguntur, ad inania quaedam vocabula merasque ceremonias deflectunt, et factitio capiti Christi factitium addunt corpus.

JULIUS: Quid tandem mihi boni reliquum facis, si me nummis exuis, si regno spolias, si nudas faenore, si voluptatibus abdicas, si vita denique privas?

PETRUS: Quin tu igitur ipsum Christum infelicem pronuntias, qui cum esset omnium summus, ludibrium factus est omnium? In paupertate, sudoribus, ieiuniis, in fame vitam omnem peregit; denique morte omnium probrosissima defunctus est.

JULIUS: Inveniet fortasse qui laudet, qui imitetur neminem, his sane temporibus.

PETRUS: Atqui hoc ipsum denique laudare est imitari. Quamquam Christus non orbat suos bonis, sed pro falsis bonis veris et aeternis locupletat; at non locupletat nisi prius omnibus huius mundi bonis abdicatos ac repurgatos. Ut ipse totus erat coelestis,

tenmenschen. Alle, die nicht vom Geist Christi beseelt sind, halten so etwas für unzumutbar; daher weichen sie aus auf leere Worte und bloße Zeremonien, und geben ihrem gefälschten Haupt, das sie Christus nennen, auch noch einen falschen Leib dazu.

JULIUS: Aber was läßt du mir denn noch an guten Dingen übrig, wenn du mir mein Geld wegnimmst, mich der Herrschaft beraubst, mir den Wucher verbietest, mir jedes Vergnügen untersagst, und mich schließlich auch noch ums Leben bringst?

PETRUS: Nennst du dann etwa auch Christus einen Elenden, weil Er, der Allerhöchste, zum Spott aller wurde? In Armut, Mühsal, Fasten und Hunger hat Er sein ganzes Leben zugebracht, um am Ende den allerschändlichsten Tod zu erleiden.

JULIUS: Mag ja sein, daß sich jemand findet, der ihn dafür lobt – aber wohl niemand, der ihn nachahmt, jedenfalls in diesen Zeiten.

PETRUS: Aber ein derartiges Lob bedeutet letztlich schon Nachahmung. Andrerseits ist es ja durchaus nicht so, daß Christus den Seinen alle guten Dinge des Lebens vorenthält: Anstelle der falschen macht Er sie reich an wahren und ewigen Gütern. Aber Er kann sie erst damit reich machen, wenn sie sich zuvor von allen weltlichen Gütern losgesagt und gereinigt haben. So wie Er ganz und gar himmlisch

ita corpus suum, hoc est Ecclesiam, sui simillimam esse voluit, id est a mundi contagiis alienissimam. Alioqui qui posset esse idem cum illo qui sedet in coelis, si terrenis adhuc faecibus immergatur? Verum ubi fuerit excussum ab omnibus huius mundi commodis atque etiam, quod amplius est, affectibus, tum denique Christus suas explicat opes, pro relictis mellitis (immo multa aloe tinctis) voluptatibus coelestium gaudiorum gustum impertit, pro relictis opibus longe praestantiores.

JULIUS: Quas obsecro?

PETRUS: Ni tu vulgares opes putas prophetiae donum, donum scientiae, donum miraculorum; nisi vilem putas Christum ipsum, quem quisquis habet, in ipso possidet omnia; postremo nisi nos hic pauperem agere vitam putas. Ita quo quisque in mundo est afflictior, hoc uberius deliciatur in Christo; quo in mundo pauperior, hoc in Christo locupletior; quo in mundo dejectior, hoc in illo sublimior et honoratior; quo minus vivit in mundo, hoc magis vivit in Christo. Verum cum totum corpus suum purissimum esse voluit, tum praecipue ministros, hoc est episcopos; et inter hos quo quisque maior

war, wollte Er, daß auch Sein Leib, die Kirche, Ihm möglichst ähnlich sei, und das heißt: ganz frei von der Befleckung der Welt. Wie könnte ein Mensch sonst eins werden mit dem, der im Himmel thront, wenn er noch in den Kot des Irdischen getaucht ist? Wenn er aber alle Annehmlichkeiten, und was noch schwerer ist, alle Leidenschaften dieser Welt abgeschüttelt hat, dann endlich breitet Christus seine Schätze vor ihm aus; und für die aufgegebenen süßen Lüste (die freilich einen ziemlich bitteren Beigeschmack haben) verleiht Er den Genuß himmlischer Freuden, lauter Schätze, die die zurückgelassenen weit überbieten.

JULIUS: Und welche sind das, bitte schön?

PETRUS: Die Gabe der Weissagung, der Weisheit, der Wunder – falls du sie als nicht ganz gewöhnliche Schätze betrachten magst; und falls du Christus selbst nicht für wertlos achtest: denn wer Ihn besitzt, hat damit alles in Besitz; und schließlich unser Leben hier, wenn du es nicht für gar zu armselig hältst. Deshalb gilt: Je schwerer einer im Leben heimgesucht wird, umso mehr wird er in Christus frohlocken; je ärmer auf Erden, desto reicher in Christus; je niedergeschlagener in der Welt, desto mehr erhöht und geehrt in Christus; je weniger einer in der Welt lebt, umso mehr lebt er in Christus. Wenn Er Seinen ganzen Leib ganz und gar rein halten wollte, so bezieht sich das besonders auf Seine Diener, die Bischöfe; je höher die Würdenträger

est, hoc sit Christo similior et ab omnibus mundi commodis expeditior et exoneratior. Nunc contra video eum, qui Christo proximus atque adeo par haberi vult, omnium maxime rebus sordidissimis immersum, pecuniis, ditionibus, copiis, bellis, foederibus, ut ne quid interim de vitiis dicam. Et postea cum sis alienissimus a Christo, Christi tamen titulo ad tuam abuteris superbiam, et illius praetextu qui regnum mundi despexit mundanum tyrannum agis, et verus Christi hostis agis honorem Christo debitum. Benedicis aliis, ipse maledictus; aperis aliis coelum, unde ipse procul exclusus es; consecras execratus; excommunicas, cui nihil est cum sanctis commune. Quid enim inter te et Turcarum ducem, nisi quod tu Christi vocabulum praetexis? Certe mens eadem, consimiles vitae sordes: tu maior orbis pestis.

JULIUS: At ego cupiebam Ecclesiam omnibus bonis exornatam. Sed Aristotelem aiunt tres bonorum ordines constituere, quorum quaedam sunt fortunae, quaedam corporis, quaedam animi: itaque nolebam

unter ihnen, desto ähnlicher sollten sie Christus sein, desto freier und unbelasteter von allen Gütern der Welt. Hier aber sehe ich gerade denjenigen, der Christus am nächsten und sogar gleich sein will, am tiefsten von allen im Sumpf stecken: versunken in Geld, Macht, Heere, Kriege, Allianzen – von seinen Lastern ganz zu schweigen. Und dann mißbrauchst du, der sich am weitesten von Christus entfernt hat, auch noch den Namen Christi für deine hochfahrenden Zwecke, berufst dich auf Ihn, der das Reich dieser Welt verachtete, um den weltlichen Gewaltherrscher zu spielen, und maßt dir als wahrer Feind Christi die Ehre an, die Christus gebührt. Du segnest die anderen, und bist selbst verflucht; schließt anderen den Himmel auf, und bleibst selbst davon ausgeschlossen; du weihst und bist entweiht; verstößt andere aus der Gemeinschaft der Heiligen, und hast doch nichts mit den Heiligen gemein. Was für ein Unterschied besteht denn zwischen dir und dem Großtürken, außer daß du dich immerzu mit dem Namen Christi bemäntelst? Zweifellos seid ihr von gleicher Geistesart und suhlt euch im gleichen Schmutz: nur daß du die größere Pest für die Welt bist.

JULIUS: Ich wünschte mir doch immer nur eine Kirche, die sich mit allen Gütern der Welt schmückt. Aristoteles, so heißt es, hat eine dreifache Rangordnung der Güter aufgestellt: Die ersten sind Glücksgüter, die zweiten leibliche, die dritten geistige Güter. Ich wollte diese Reihenfolge durchaus nicht

bonorum ordinem invertere; a fortunae bonis coepi; fortasse paulatim ad animi bona venturus, nisi praematura mors terris me eripuisset.

PETRUS: Praematura sane, nempe septuagenarium! Quamquam quid opus erat aquam igni miscere?

JULIUS: Atqui si desunt ista commoda, vulgus nos non pili faciet: quin nunc quoque metuunt et oderunt. Atque ita tota respublica Christiana collaberetur, ni contra vim inimicorum sese tueri queat.

PETRUS: Immo si Christianorum vulgus conspiceret in te versa Christi dotes, nempe vitae sanctimoniam, sacram doctrinam, caritatem flagrantem, prophetiam, virtutes, hoc te magis suspiceret, quo a mundi commodis intelligeret mundiorem; et Christiana respublica latius floreret, si puritate vitae, si contemptu voluptatum, divitiarum, imperii, mortis gentilibus esset admiranda. Nunc non solum contracta est in angustissima, verumetiam si diligentius excutias, plerosque nomine dumtaxat invenies Christianos.

umkehren, sondern begann einfach mit den Gütern des Glücks. Vielleicht wäre ich ja irgendwann auch zu den geistigen gelangt, wenn mich nicht ein allzufrüher Tod der Erde entrissen hätte.

PETRUS: Wahrhaftig allzufrüh – für einen Siebzigjährigen! Aber warum mußtest du unbedingt so ein Höllenspektakel veranstalten?

JULIUS: Ohne großen Aufwand gibt das Volk doch keinen Pfifferling für Uns! Jetzt dagegen fürchten und hassen sie Uns wenigstens. Das ganze Reich Christi würde sofort zusammenbrechen, wenn es sich nicht vor der Gewalt seiner Feinde schützen könnte.

PETRUS: Ganz im Gegenteil! Wenn das Christenvolk an dir die wahren Gaben Christi erkennen könnte, nämlich ein heiliges Leben, fromme Gelehrsamkeit, brennende Liebe, Weissagung und andere Tugenden, würde es umso mehr zu dir aufschauen, je gründlicher es dich von der Sucht nach weltlichen Gütern gereinigt sieht; und das christliche Gemeinwesen würde sich weiter ausbreiten und blühender dastehen, wenn es durch Reinheit der Lebensführung und Verachtung von Lust, Reichtum, Macht und Tod bei den Heiden Bewunderung weckte. Wie die Dinge jetzt stehen, sind ihm nicht nur denkbar enge Grenzen gesetzt, sondern sobald du die Sache genauer betrachtest, wirst du feststellen müssen, daß die meisten Christen nur Nennchristen sind.

Quaeso te, non reputabas tecum, cum esses summus Ecclesiae pastor, quibus modis nata esset Ecclesia, quibus aucta, quibus constabilita? Num bellis, num opibus, num equis? Immo patientia, sanguine martyrum et nostro, carceribus, flagris. Tu Ecclesiam dicis auctam, cum humana dicione onerati sunt illius ministri; ornatam vocas, cum mundi muneribus et deliciis inquinatur; defensam appellas, cum pro sacerdotum peculio mundus universus bellis perniciosissimis conflictatur; florentem dicis, cum mundi voluptatibus ebria est; tranquillam, cum nemine reclamante divitiis, immo vitiis fruitur; atque his titulis principibus imposuisti, qui te praeceptore docti magna sua latrocinia ac furiosos conflictus "Christi defensionem" vocant.

JULIUS: Atqui ista nunquam ante hac audivi.

PETRUS: Quid igitur docebant te contionatores?

JULIUS: Ab illis quidem nihil nisi meras laudes audiebam; phaleratis verbis mea praeconia detonabant; me Iovem fulmine

Hast du denn, so frage ich dich, als oberster Hirte der Kirche nie darüber nachgedacht, wie diese Kirche entstand, wie sie heranwuchs, wie sie sich festigte? Doch nicht etwa durch Kriege, durch Mammon, durch Berittene? Nein, sondern durch Leiden, durch das Blut der Märtyrer und mein eigenes, durch Kerker und Geißelhiebe. Du sprichst von Mehrung der Kirche, wenn ihre Diener mit irdischer Macht überladen sind; von ihrer Bereicherung, wenn sie entstellt ist durch die Schätze und Genüsse der Welt; nennst sie beschützt, wenn zur Geldscheffelei ihrer Priester die ganze Erde mit den verheerendsten Kriegen überzogen wird; nennst sie blühend, wenn sie trunken ist von weltlicher Lust; friedfertig, wenn sie ohne jeden Widerspruch dem Überfluß, und das heißt nichts anderes als der Fleischeslust, frönt. Mit dieser Schönrednerei hast du die Fürsten auf den Holzweg geführt: Von dir haben sie ihre Lektion gelernt, und jetzt nennen sie ihre Raubzüge und wahnwitzigen Zusammenstöße die ‚Verteidigung Christi'.

JULIUS: So hat noch niemand mit mir gesprochen!

PETRUS: Was haben dir denn deine Festredner erzählt?

JULIUS: Von denen bekam ich immer nur das reinste Lob zu hören. Ihre aufgeschirrten Worte tönten nur so von meiner Herrlichkeit: Sie erklärten mich lauthals zum Jupiter, der mit seinem Donnerkeil die

concutientem omnia, me verum quoddam numen esse praedicabant, publicam orbis salutem, aliaque id genus permulta.

PETRUS: Nec mirum sane nullum extitisse qui te condiret, cum tu sal esses insulsus et fatuus. Nam id proprium apostolici viri munus, alios docere Christum, idque purissime.

JULIUS: Non aperis igitur?

PETRUS: Cuivis potius quam tali pesti. Nam tibi quidem omnes excommunicati sumus. Sed vis consilium non malum? Habes manum hominum strenuorum; habes pecuniam immensam; es ipse bonus aedificator; extrue tibi novum aliquem paradisum, sed probe munitum, ne possit a cacodaemonibus expugnari.

JULIUS: Immo faciam quod me dignum est, operiar menses aliquot, et auctis copiis meis vi deturbabo vos istinc, nisi in deditionem venietis. Neque enim dubito quin brevi sint ad me e bellorum stragibus sexaginta hominum milia perventura.

ganze Welt erschüttert, zum wahren Gott, zum Heil der Menschheit, und was dergleichen schöne Wendungen mehr sind.

PETRUS: Kein Wunder, daß dich keiner recht zurichten konnte – warst du doch selber das Salz, das taub und stumpf geworden ist! Denn die eigentliche Aufgabe eines apostolischen Mannes heißt: den anderen Christus nahezubringen, und zwar rein und unverfälscht.

JULIUS: Du willst mir also die Tür nicht öffnen?

PETRUS: Jedem lieber als einer solchen Pest. Für dich sind wir ja sowieso alle exkommuniziert. Aber vielleicht willst du einen ganz praktischen Rat von mir? Du hast da eine ordentliche Schar handfester Männer um dich, besitzt Geld in Hülle und Fülle, und bist doch selbst so ein großer Baumeister: Bau dir doch einfach ein neues Paradies – aber paß auf, daß es gut befestigt ist, sonst könnten es die bösen Geister erobern!

JULIUS: Auf keinen Fall! Sondern ich werde tun, was meine Würde verlangt. Ich will für ein paar Monate untertauchen, meine Truppen verstärken, und euch dann allesamt zum Teufel jagen, wenn ihr euch nicht freiwillig ergebt. Denn ohne jeden Zweifel werden in Kürze hunderttausend neue Schlachtopfer meiner Kriege zu mir stoßen.

PETRUS: O pestem! o miseram Ecclesiam! Sed heus Genie! nam tecum magis libet confabulari quam cum isto teterrimo monstro.

GENIUS: Quid est?

PETRUS: Sunt istiusmodi ceteri quoque episcopi?

GENIUS: Bona pars huius est farinae; verum hic omnium antesignanus.

PETRUS: Tu videlicet hominem ad tot excitasti flagitia?

GENIUS: Ego minime; immo adeo praecurrebat, ut ipse vix alis adiutus assequi possem.

PETRUS: Sane non miror, si huc tam pauci adveniunt, cum huiusmodi pestes Ecclesiae gubernaculis assideant, quandoquidem vulgus utcunque sanabile esse vel hinc conjicio, quod ob solum Pontificis titulum tam spurcae cloacae defert honorem.

GENIUS: Rem ipsam dicis. Sed iamdudum innuit mihi meus imperator, et baculum movet. Itaque vale!

PETRUS: O du Ungeheuer! Ach du arme Kirche! Aber he du da, Schutzgeist des Julius! Lieber noch will ich mit dir reden als mit diesem monströsen Scheusal.

GEIST: Was gibt es?

PETRUS: Sind die anderen Kirchenfürsten auch alle so wie er?

GEIST: Ein Gutteil ist aus demselben Holz geschnitzt – aber er ist der Bannerträger des ganzen Haufens.

PETRUS: Warst du es etwa, der diesen Menschen zu so vielen Missetaten angestiftet hat?

GEIST: Ganz und gar nicht. Vielmehr war er mir immer soweit voraus, daß ich trotz meiner Flügel kaum Schritt mit ihm halten konnte.

PETRUS: Jetzt wundere ich mich nicht mehr, daß gar so wenige aus diesem Berufsstand hier oben ankommen, nachdem ein solches Ungeheuer am Steuer der Kirche sitzt. Aber ich hoffe doch, daß das Volk noch nicht unheilbar verloren ist, denn es huldigt dieser stinkenden Kloake ja nur deshalb, weil sie den Titel ‚Papst' trägt.

GEIST: Du sagst es. Aber mein Herr und Meister winkt mir schon eine ganze Weile, und droht mit dem Stock. Also leb wohl.

Anmerkungen

Die freistehenden Ziffern beziehen sich jeweils auf die Seitenzahlen der vorliegenden Ausgabe, deren Text der Edition von Wallace K. Ferguson, Erasmi Opuscula (Den Haag 1933) folgt. Meine Anmerkungen sind der eingehenden Annotation von Ferguson, dazu von J. Kelley Sowards (The Julius exclusus of Erasmus, Bloomington 1968) und Michael J. Heath (Collected Works of Erasmus, Bd. 27/28, Toronto 1986), dankbar verpflichtet. Die Seitenangaben im Nachwort verweisen auf die jeweiligen Titel des Literaturverzeichnisses. WvK

9 *Schlüssel:* Die ‚Schlüsselgewalt' des Petrus – und seiner Nachfolger, der Päpste – wird auf die Worte Christi in Matth. 16,19 zurückgeführt: „Ich will dir des Himmelreichs Schlüssel geben ..." – *Pforte hart wie Diamant:* wohl ein Echo der „adamantenen Pfosten" des Höllentores aus Aeneis VI, 552.

11 *Gigant:* Anspielung auf den antiken Mythos vom Sturm der Giganten auf den Olymp und seine Niederwerfung; das christliche Pendant ist die Revolte Luzifers, gefolgt von seinem Höllensturz. Am Ende des Dialogs droht Julius, mit seinen Kriegsknechten den Himmel zu stürmen. – *Goldene Eiche:* Familienwappen der Rovere (it. ‚Eiche'). Das Wappengold war ein Privileg des adligen Zweiges, dem Julius und sein Onkel, Papst Sixtus IV., nicht angehörten, das Sixtus jedoch kraft seines Amtes für sich beanspruchte. – *dreifache Krone:* die päpstliche Tiara; vgl. Abb. 1, S. 6. Julius ließ sich von einem Mailänder Goldschmied eine Tiara anfertigen, deren Wert auf 200.000 Dukaten geschätzt wurde.

13 *Simon:* nach Apostelgeschichte 8, 18–24 ein Zauberer in Samaria, der sich um Geld von Petrus geistliche Gaben erkaufen wollte, Stammvater der Simonie (die Julius im Dialog exemplarisch verkörpert); Petrus sagt zu ihm: „Daß du verdammt werdest, mitsamt deinem Geld!" – *Ligurer:* Julius war zeitlebens stolz auf seine ligurische Abkunft. Er wurde als Giuliano della Rovere in Savona auf Genueser Gebiet geboren und konnte sich auf die Unterstützung durch sein Stammland in allen Wechselfällen seiner Laufbahn verlassen. – *Pestis Maxima:* Allergrößte Pest; die Formel findet sich auch in dem Schmähgedicht oder „Carmen iambicum" auf Julius II. (vgl. S. 192 f.).

15 *Hermes Trismegistos:* wörtlich: der ‚dreimal Höchste', griechische Übersetzung des ägyptischen Titels für den Gott Thoth. Nach der Logik des Petrus müßte der Größte auch der Beste sein, wie in der römischen Formel für Jupiter als „Optimus Maximus". – *Blubberblasen:* lat. „bulla", ursprünglich ‚Blase', später der Form wegen auf das Urkundensiegel und dann auf die päpstlichen Urkunden selbst übertragen. – *Weinrausch:* die erste von zahlreichen Anspielungen auf die Neigung des Papstes zu unmäßigem Weingenuß; vgl. auch das erwähnte Schmähgedicht.

17 *giftiger Blick ... finstere Stirn:* auch diese Details finden sich in dem Carmen iambicum, ebenso wie der nachfolgende Hinweis auf die *abscheulichen Begierden.*

19 *der andere Julius:* Der Vergleich von Julius Caesar mit Julius II. ist das Thema des Schmähgedichts; Caesar war für Erasmus keine römische Heldengestalt, sondern der ihm herzhaft verhaßte Typus des kriegerischen Machtmenschen. – *Ma di sì:* it. ‚Aber ja!' – *Er ist wütend:* Der Jähzorn und die Gewaltausbrüche des Papstes waren notorisch.

21 *der große Geist:* „Genius" war bei den Römern zunächst die Summe einer Persönlichkeit, später auch ihr ‚Schutzgeist'. In beiden Funktionen verhält sich der Geist des

Julius, neben Petrus der zweite, freilich äußerst sekundäre, Ironiker des Dialogs, zu seinem ‚Herren' konträr; groß nennt er sich in Parodie jener Größe, mit der Julius unaufhörlich prahlt. Auf der Abb. 1, S. 6, ist er als geflügeltes Knäblein dargestellt. Die alte deutsche Übersetzung nennt ihn „sin engel/es sy dan der gut oder böß engel". – *Exkommunikation:* Julius bediente sich dieser geistlichen Waffe ausgiebig zu innerweltlichen Zwecken; er schleuderte 1506 den Kirchenbann gegen die Fraktion der Bentivogli in Bologna, 1509 gegen die Republik Venedig und 1510 gegen den Herzog von Ferrara.

27 *ein Schifflein:* Gerücht, das im Zusammenhang mit dem Thema der niederen Herkunft des Papstes verbreitet wurde; Erasmus erwähnt es in seiner Sprichwortsammlung „Adagia" unter dem Stichwort „A remo ad tribunal", ‚Vom Ruder zur Herrschaft'.

29 *Onkel mütterlicherseits:* Hier irrt der Autor; Sixtus IV., dem Julius sich zeitlebens eng verbunden fühlte, war der Bruder seines Vaters. – *Fallsucht:* wieder ein Motiv aus dem erasmischen Epigramm; es stammt, ebenso wie die danach genannte *französische Seuche* oder Syphilis, aus dem Arsenal der antipäpstlichen Satire. – *ich war verbannt:* 1492, nachdem sein erbitterter Feind aus dem Hause Borgia als Alexander VI. zum Papst gewählt worden war, floh Julius nach Frankreich und drängte in der (vergeblichen) Hoffnung auf den Sturz seines Gegners den französischen König Karl VIII. dazu, in Italien einzufallen. – *Dir hat ein Weib allen Mut genommen:* in der Verleugnungsszene der Passionsnacht (Matth. 26, 69–75). – *Wahrsagerin:* Die Anekdote ist sonst nicht belegt.

31 *Macht des Geldes:* Julius' Papstwahl am 1. November 1503 war mit großen Bestechungssummen erkauft. – *Prahlhans:* Anspielung auf den ruhmredigen Soldaten Thraso aus dem „Eunuchus" des Terenz.

33 *mit meinen neuen Münzen:* Mit seinen neuen Silbermünzen, den „Giuli“, trat der Papst 1508 der grassierenden Entwertung des kirchlichen Geldwesens entgegen, das Gegenteil einer inflationären Maßnahme.

35 *kirchenspalterisches Konzil:* Julius hatte sich seiner Wahlverpflichtung, innerhalb von zwei Jahren ein Konzil abzuhalten, entzogen; daraufhin wurde auf Betreiben Ludwigs XII., vor allem mit Hilfe französischer und spanischer Kardinäle, ein Konzil nach Pisa einberufen, um Julius abzusetzen und einen Frankreich-freundlichen Papst zu wählen; s.u., Anm. zu S. 61. Auf die relativ ausführliche Schilderung dieser Vorgänge, unter Betonung ihrer reformatorischen und Hintansetzung ihrer politischen Bezüge, stützt sich die Argumentation von Autoren wie Stange und Fabisch, die Erasmus den „Iulius Exclusus“ absprechen und ihn als Propagandaschrift der französischen Tagespolitik verstehen wollen. – *einen weißen Bart:* Dieser lange Bart, den sich Julius während einer Krankheit im Winter 1510 wachsen ließ, war ein Bruch mit der päpstlichen Sitte und gab zu vielerlei Spekulation Anlaß. – *goldene Nachricht:* Die Schlacht von Ravenna, ein mit vielen Verlusten erkämpfter Sieg der Franzosen, wurde letztlich der Wendepunkt ihrer italienischen Kampagne, denn die Furcht vor einer französischen Vormacht in Italien stärkte bald darauf das Lager des Papstes. – *Todeskandidat:* Im Sommer 1511 wurde Julius ernsthaft krank; das Gerücht seines Todes erreichte Erasmus damals in England.

37 *Cambrai:* Die im Dezember 1508 geschlossene Liga von Cambrai diente offiziell einer Versöhnung von Kaiser Maximilian mit Ludwig XII., war aber zugleich ein Geheimbündnis gegen Venedig, um der Republik ausgedehnte Territorien abzujagen. Der Papst, der Venedig haßte, aber den wachsenden Einfluß Frankreichs fürchtete, trat ihr erst im März 1509 bei; sobald er sein Kriegsziel erreicht hatte, scherte er aus der Allianz aus und verbündete sich mit Venedig gegen Frankreich. – *große Bauten:*

Unter Julius' künstlerischen Neigungen war die architektonische Leidenschaft dominant. Er beauftragte Bramante mit dem Bau von St. Peter, San Biagio und dem Belvedere, nahm Michelangelo in seine Dienste, und ließ zahlreiche römische Kirchen und Bauwerke der Romagna restaurieren. – *fünf Millionen Dukaten:* wohl eine kräftige Übertreibung; der berüchtigten Sparsamkeit des Papstes standen die hohen Kosten seiner Kriegszüge und Bauten gegenüber; aber vgl. Luthers Äußerung über den Geldschatz des Papstes: „das soll gewesen sein über die fünfzig Tonnen Goldes" (Weimarer Ausg., Bd. 50, 81). – *jener jüdische Arzt:* Erasmus schreibt damals in einem Brief, der Arzt habe zwar den Leib, nicht aber den Wahnsinn des Papstes zu heilen vermocht.

39 *nicht einmal meinen eigenen Vater:* eine völlig unverbürgte Behauptung; es ist erstaunlich, aber vielleicht psychologisch nicht ganz unerklärlich, daß sie von einem Autor kommt, der selbst unehelicher Abkunft war, und der sich bei Papst Julius und seinem Nachfolger um Dispens von den Nachteilen dieses Umstands für seine eigene Laufbahn bemühen mußte. – *nicht durch Gelehrsamkeit:* vgl. das Schmähgedicht. – *eine weiche Sache:* die Geliebten, vor allem wohl männlichen Geschlechts; ein besonders aussagekräftiges Echo aus dem „Lob der Torheit"; s.u. Anm. zu S.133.

41 *zu meinem besonderen Vergnügen:* die Lustknaben; auch dies ein Motiv des Carmen iambicum.

43 *Weissagungen:* vgl. Matth. 7,22f.

45 *beide Schwerter:* Die mittelalterliche Lehre von den zwei Schwertern des Papsttums, dem geistlichen und dem weltlichen, von Bonifaz VIII. in der Bulle „Unam Sanctam" sanktioniert, berief sich in den politischen Machtkämpfen der Zeit auf Lukas 22, 38. – *Schwert des Geistes:* nach Ephes. 6,17. – *Malchus:* vgl. Joh. 18, 10. Jesus spricht nach dem Schwertstreich zu Petrus: „Stecke dein Schwert in die Scheide!" Diese Bibelstelle führt Erasmus häufig

in seinen gegen den zeitgenössischen Kriegswahn gerichteten Schriften an.

47 *diesen Titel:* „Iulius II Ligur". – *Bordelltorbögen:* „fornix" bezeichnet die Wölbung eines Triumphbogens ebenso wie das Kneipen- oder Bordellgewölbe. – *ein hervorragender Heerführer:* Sixtus IV. kam als Ordensgeneral der Franziskaner auf den Stuhl Petri und verstrickte sich tief in die italienischen Kriege und politischen Intrigen. Die Verderbtheit der Bettelorden ist ein wiederkehrendes Thema des Erasmus.

49 *sein Sohn:* dieses unverbürgte Gerücht wurde von Julius' Gegnern ausgestreut.

51 *eine fürchterliche Bulle:* Eine Bulle von Anfang 1505 erklärt alle kirchlichen Wahlen durch Simonie für hinfällig; sie wurde erst 1510 öffentlich gemacht und 1513 vom Laterankonzil erneuert.

53 *Bentivoglio:* Giovanni Bentivoglio, der vierzig Jahre lang mit Unterstützung der Kurie (im Gegenzug für kirchliche Steuern und Anerkennung der päpstlichen Oberhoheit) Bologna mit fähiger und fester Hand regierte, war bei den Bürgern eher gefürchtet als beliebt. Sein Versuch, die päpstlichen Rechte zu beschneiden, führte zum Bruch mit Julius II.

55 *Unsere Statuen:* Nach der Einnahme der Stadt ließ Julius zur Erinnerung an seinen Triumph eine Statue seiner selbst von der Hand Michelangelos über dem Portal von San Petronio aufstellen; sie wurde bei der Wiedereroberung Bolognas durch die Bentivogli und ihre französischen Verbündeten 1511 zerstört. – *mit welch königlichem Triumph:* Julius alles beherrschender Ehrgeiz war es, den Kirchenstaat wieder auf seine alte Ausdehnung zu bringen. Er leitete persönlich den Feldzug gegen Bologna, zog nach der Flucht der Bentivogli in die Stadt ein und feierte dort am 11. November 1506 seinen berüchtigten Triumph. Erasmus wurde schockierter Zeuge dieser neuartigen Inszenierung der „ecclesia triumphans". –

zu den Venezianern: Die Republik benützte den Streit zwischen Julius und Cesare Borgia um die Herrschaft in der Romagna dazu, sich einige Städte der päpstlichen Besitzungen anzueignen, darunter Fano, Urbino, Rimini, Cesena und Forlì. Außerdem vergab die stolze Republik ihre Bischofssitze unabhängig von Rom und unterstellte ihre Geistlichen nicht der päpstlichen Gerichtsbarkeit. – *üble griechische Tricks:* Venedig wollte durch den Primas von Ungarn und Patriarchen der Ostkirche ein Konzil gegen Julius einberufen lassen.

57 *deines Patrimoniums:* Durch die sogenannte Konstantinische Schenkung und die Schenkung des Frankenkönigs Pippin im 8. Jahrhundert war der Kirchenstaat oder das ‚Erbe Petri' entstanden, mit der Folge, daß sich die Päpste immer mehr wie weltliche Potentaten Italiens verhielten; s.u., Anm. zu S. 135.

59 *der Fürst von Ferrara:* Alfonso d'Este, als (nicht ganz freiwilliger) Gatte der Lucrezia Borgia Schwiegersohn von Papst Alexander VI., wurde von diesem für drei Generationen von allen päpstlichen Abgaben befreit. Er war der Liga von Cambrai beigetreten, weigerte sich aber, sie zu verlassen, als der Papst die Partei wechselte, und berief sich weiterhin auf seine päpstlichen Privilegien, worauf Julius ihn zum Rebellen erklärte. Als die Franzosen 1512 Italien verließen, mußte er in Rom um Frieden bitten, zog sich jedoch, aus begründeter Furcht um sein Leben, wieder nach Ferrara zurück, bis der Tod des Papstes die Bedrohung beendete.

61 *einem meiner Verwandten:* Francesco Maria della Rovere, Lieblingsneffe des Papstes, der es dank der Protektion seines Onkels zum Herzog von Urbino und zum Befehlshaber der päpstlichen Truppen gebracht hatte. – *Kardinal von Pavia:* Francesco Alidosi, ein erklärter Günstling des Papstes, dem dieser die Regentschaft von Bologna übertrug; dort machte er sich durch sein tyrannisches Wesen und seine Unfähigkeit verhaßt und geriet in heftigen Konflikt mit dem militärischen Befehlshaber

della Rovere. Seine mangelnde Koordination mit dem Heer Francescos war mitschuld an der Rückeroberung der Stadt 1511 durch die Franzosen. Francesco erdolchte ihn auf offener Straße in Ravenna, offenbar durchaus zum Bedauern des Papstes. – *Gatte meiner eigenen Tochter:* Erasmus verwechselt hier Francesco Maria della Rovere mit Giangiordano Orsini, der 1506 Felice, die Tochter des Papstes geheiratet hatte, aber keinerlei politischen Einfluß ausübte. – *kirchenspalterisches Konzil:* s.o., Anm. zu S. 35. Das Konzil von Pisa wurde zum 1. September 1511 einberufen. Hinter seinem reformatorischen Programm standen handfeste politische Interessen, vor allem der französischen Seite, die mit dem Ziel einer stärkeren Unabhängigkeit der ‚gallikanischen' Kirche zum Angriff auf das Papsttum drängte. Strategisch vorbereitet wurde das Konzil an entscheidender Stelle durch den ehrgeizigen Kardinal Georges d'Amboise, den einflußreichsten Berater Ludwigs XII., der sein Zusammentreten freilich nicht mehr erleben sollte. Auch der in seinen politischen Allianzen recht schwankende Kaiser Maximilian hatte sich, um seine eigenen Machtinteressen zu verfolgen, zunächst auf die Seite der Konziliaren begeben.

63 *so witzig formuliert:* „Wenn schon das Recht gebrochen sein muß, sei es nur für die Herrschaft / gebrochen: in allem sonst aber sei Treue und Glauben gewahrt" (Sueton, „Julius Caesar", 30). – *ich berichte das mit Schaudern:* Mit dieser von Julius gleich zweimal verwendeten Formel (vgl. S. 89) leitet Aeneas seinen Bericht vom gräßlichen Tod des Laokoon ein (Aeneis II, 204). – *den nahtlosen Rock Christi:* vgl. Joh. 19,23; der nahtlose Rock wurde häufig als Sinnbild der kirchlichen Einheit verstanden.

65 *die Kerkopen:* ein übles Volk auf der Insel Pithekusa (= Affeninsel), von Jupiter in Affen verwandelt (vgl. Ovid, Met. XIV, 90 ff.). – *Morychus:* populärer Beiname des Bacchus bei den alten Sikulern, sprichwörtlich für einen Dummkopf. – *Lerna:* Der Lernäische Sumpf war Aufenthaltsort der von Herakles bezwungenen Hydra.

67 *einen Herrscher… abzusetzen:* Petrus macht sich hier zum Sprecher republikanischer Grundsätze: die Gewalt eines Herrschers wird ihm von seinem Volk übertragen, das sie bei grobem Mißbrauch dem Herrschenden auch wieder entziehen kann; dieser Gedankengang findet sich in den Adagia „Dulce bellum“ und „Sileni Alcibiadis“ wieder.

73 *Vergehen der Ketzerei:* Die Frage, ob ein Papst absetzbar sei, war im Zusammenhang mit den schismatischen Bewegungen im 14. und 15. Jahrhundert heiß debattiert worden; der offene Abfall vom Glauben wurde schließlich als einzig hinreichender Grund angesehen.

75 *eine mit Steinen bewaffnete Volksmenge:* Diese krasse Äußerung gilt manchen Kritikern als un-erasmisch, doch der Autor äußert sich mehrmals in seinen Schriften billigend über Tyrannenmord; vgl. auch die Schlußpointe des Schmähgedichts.

77 *Jakobus:* vgl. Apostelgesch. 15,13–21.

79 *Kaiser Maximilian:* Julius – und Erasmus – verzerren wieder einmal die Tatsachen. Maximilian hielt zum Pisaner Konzil, solange es seinen Interessen gegen Venedig diente, und sagte sich von ihm los, als es durch die Strategie des Papstes und den Eigennutz Frankreichs in Mißkredit geriet.

81 *Also berief ich das Konzil:* Das überraschend einberufene Laterankonzil war ein geschickter Schachzug des Papstes, um die Gegenveranstaltung zu diskreditieren. Es sollte im April 1512 eröffnet werden, wurde aber mehrfach verschoben und die Zahl der Delegierten verringert. Erasmus’ Schilderung des Konzils ist denkbar parteiisch; offenbar hatte er gehofft, im Gefolge des englischen Delegierten, Bischof Fisher, selbst daran teilzunehmen, doch der Aufschub verhinderte Fishers und seine Teilnahme.

83 *Kardinal von Rouen:* Georges d’Amboise, Erzbischof von Rouen, im Grunde ein kirchlicher Machtpolitiker vom selben Schlag wie Julius, war diesem bei der Papstwahl

von 1503 unterlegen. Er verbündete sich in der Hoffnung auf eine erneute Chance für sich selbst und die Ausweitung des französischen Einflusses mit der Reformpartei, starb aber bereits im Mai 1510.

85 *Kardinal von Santa Croce:* Bernardino de Carvajal; auch er war bei der Papstwahl nicht zum Zuge gekommen und wurde von persönlichem Ehrgeiz getrieben; im übrigen ein Mann von hohem Ansehen und großer Gelehrsamkeit, und der einflußreichste unter den schismatischen Kardinälen.

89 *diese Schurken beschlossen:* Das Pisaner Konzil faßte keine derartigen Beschlüsse; es war von Anfang an viel zu sehr als politische Veranstaltung diskreditiert und durch die Manöver des Papstes entscheidend geschwächt, so daß nur ein klerikales Rumpfparlament zusammenkam; zeitweise mußte es unter französischem Schutz nach Mailand ausgelagert werden, um dann nach dem Rückzug der französischen Truppen mehr oder weniger zu verdämmern. Erasmus unterschiebt der glücklosen Versammlung sein eigenes ideales Reformprogramm.

93 *nur ein Vorwand:* Das Laterankonzil widmete sich vorwiegend feierlichen Zeremonien und einer Verurteilung der Gegenseite; wirkliche Reformen wurden, jedenfalls solange Julius lebte, nicht auf den Weg gebracht. – *Handel aus Lyon abzuziehen:* Die Lyoner Messe wurde 1512 nach Genf verlegt.

95 *Jene drei Kardinäle:* der Spanier Carvajal, der Venezianer Sanseverino und der Franzose Briçonnet, die letzten, die noch bei ihrem Konzil ausgeharrt hatten, mußten sich nach Frankreich ins Exil begeben.

97 *wie es weitergeht:* Als Julius starb, machten sich die Kardinäle Carvajal und Sanseverino auf den Weg nach Rom, um an dem Konklave teilzunehmen, wurden aber in Pisa gefangengesetzt; später distanzierten sie sich durch einen Widerruf von ihrem eigenen Konzil, und die Versöhnung Ludwigs XII. mit dem neuen Papst beendete das Schisma.

99 *Berge von Gold:* England war zunächst nur am Rand in die kontinentalen Streitigkeiten verwickelt; der junge Heinrich VIII. unterstützte jedoch die Politik des Papstes und rüstete zum Kampf gegen Frankreich. Das Bild von den ‚goldenen Bergen' Englands hatte Erasmus zuvor für die – später enttäuschten – materiellen Hoffnungen seines Englandaufenthaltes gebraucht. – *Allerchristlichster:* Der Titel wurde Ludwig XI. 1472 von Papst Paul aus kirchenpolitischen Gründen verliehen; die späteren französischen Könige sahen ihn ohne nennenswerte ekklesiastische Verdienste als ihr rechtmäßiges Erbe an.

101 *vor allem auch Genueser:* Genua gehörte zu Mailand und geriet mit dem dortigen Herzogtum unter die Oberhoheit Frankreichs; dies war ein wesentlicher Grund für Julius' antifranzösischen Affekt. Die Genueser galten weithin als geldgierig und falsch.

103 *in diesen Dingen stehen sie bestens da:* In seiner „Klage des Friedens" (Querela Pacis) schreibt Erasmus zum selben Thema: „Denn, um die Wahrheit zu sagen, was treibt heutzutage so viele dazu, das französische Reich zum Kampf zu fordern, wenn nicht die Tatsache, daß es das blühendste von allen ist?" – *Inder, Afrikaner, Äthiopier:* Julius lag viel an der Mission in diesen Erdteilen und in der Neuen Welt. – *vor kurzem erst die Griechen:* Der Versuch, auf dem Konzil von Ferrara und Florenz 1438/39 eine Einigung zwischen Ost- und Westkirche herbeizuführen, scheiterte und führte auf römischer Seite zu einer Bekräftigung der päpstlichen Suprematie.

107 *Ablässe:* Der Ablaßhandel und Ämterschacher der Kirche war bekanntlich ein Hauptgrund für den zunehmenden Verlust ihrer Glaubwürdigkeit und für die Reformation.

109 *harmlose Schwäche:* Die Trunksucht der Deutschen ist ein Gemeinplatz der damaligen Völkersatire, zu dessen Entkräftung die europaweit tätigen Landsknechte

wenig beitrugen; Erasmus behandelt ihn eingehend in seinem Colloquium „Von den Schenken" (Diversoria).

115 *Zeremonien:* Die folgende Passage ist ein deutliches Echo der antipäpstlichen Satire aus dem „Lob der Torheit".

117 *Rosen ... Schwerter:* Julius ließ 1504 der Republik Genua die ‚Goldene Rose' überreichen und schickte zu Weihnachten 1505 ein geweihtes Schwert an Ludwig XII.

119 *Frankreich gegen Venedig:* Das politische Ziel des Papstes, die territoriale Integrität des Kirchenstaates wiederherzustellen und zu verteidigen, ließ sich nur durch ein virtuoses Gegeneinander-Ausspielen der rivalisierenden europäischen Mächte, wie es die folgende Passage treffend beschreibt, verwirklichen. – *ein paar stattliche Städte:* Die Geheimklauseln des Vertrags von Cambrai sollten dem Kaiser eine Reihe von Städten sichern, die Venedig dem Reich abgenommen hatte, darunter Verona, Padua, Vicenza und Treviso. – *die Franzosen übermächtig:* Ihr Sieg über Venedig, so sehr er im Interesse des Papstes lag, hatte ihren Einfluß erheblich verstärkt, weshalb Julius in seinen letzten Lebensjahren alles daransetzte, sie wieder aus Italien zu vertreiben.

121 *Engländer ... Franzosen ... Schotten:* Die französisch-schottische Allianz gegen England aus der Zeit des Hundertjährigen Krieges war keineswegs eine Sache der Vergangenheit; während Heinrich VIII. als Mitglied der Heiligen Liga 1513 gegen Frankreich kämpfte, fielen die Schotten in England ein. – *außer Rand und Band:* Nach dem Tod des tyrannischen und knauserigen Heinrich VII. 1509 ging eine Welle freudiger Hoffnung auf ein neues goldenes Zeitalter unter seinem jugendlichen und hochgesinnten Nachfolger durch England; auch die Freunde des Erasmus wurden davon erfaßt, und ihre enthusiastischen Briefe veranlaßten ihn, nach England zurückzukehren, wo er sich bis 1514 aufhielt. Die englischen Details hier und weiter unten, die –

genau wie die Empörung des Erasmus über den Bologneser Triumph des Papstes – ihre autobiographischen Wurzeln haben, wären mit dem angeblichen Status des Textes als französische Propagandaschrift schwer zu vereinbaren. – *mit dem spanischen König ... verschwägert:* durch Heinrichs Heirat mit Katharina von Aragon, die sein Vater arrangiert hatte.

123 *Der Kaiser ... engstens verbunden:* Maximilian war weder dem Papst noch den Franzosen für politische Wohltaten verpflichtet, und seine dauernde Verwicklung in die italienischen Streitigkeiten hatte ihm wenig eingebracht.

125 *den Gelderländern:* Charles d'Egmont, Herzog von Gelderland, Verbündeter des französischen Königs und erbitterter Feind Habsburgs, führte mehrfach Krieg gegen Maximilian und Burgund; der Kaiser war eher reagierende als treibende Kraft in diesen Auseinandersetzungen. – *Leben des Hl. Thomas:* Der Märtyrertod von Thomas à Becket in Canterbury war die Folge eines Streites von Heinrich II. mit dem Papst; später wurde in England eine Reihe von antipäpstlichen Statuten erlassen. – *Der junge König:* Durch den Einfluß seines spanischen Schwiegervaters und aus eigener Ruhmsucht schloß sich Heinrich VIII. der Kampagne gegen Frankreich an; sein Angriff auf Guyenne 1512 endete in einem Fiasko.

127 *Krieg gegen die Türken:* ein Lieblingsthema des Erasmus: Wenn Christen schon Krieg führen müssen, warum dann nicht wenigstens gegen die Ungläubigen?

129 *eine Pest für die Kirche:* Auch diese Formulierung spricht gegen die These einer unbedingten Frankophilie des Textes.

131 *Satan ... Stellvertreter:* der Papst als Antichrist! – *Wir dagegen verstehen:* fundamentaler erasmischer Gegensatz; vgl. ‚Dulce bellum' und ‚Sileni Alcibiadis' aus den „Adagia". – *Er ist das Haupt:* vgl. Ephes. 1,22; 5,23.

133 *die diensteifrigsten Kuppler:* Ähnlich antiklimaktisch endet an entsprechender Stelle im „Lob der Torheit" die Aufzählung des päpstlichen Hofstaates: „... soviele Maultiertreiber, soviele Pferdeknechte, soviele Wechsler, soviele Kuppler – fast hätte ich noch etwas ‚Weicheres' (mollius quiddam) hinzugefügt, doch ich fürchte, das klänge zu hart für eure Ohren." Diese Anspielung auf die am päpstlichen Hof herrschende Homosexualität findet, samt dem Wortspiel hart/weich, ein deutliches Echo in den oben zu S. 39 kommentierten Worten des Genius: „So hart es klingen mag, er meint doch eine weiche Sache" (molle quiddam).

135 *ein gewisser Konstantin:* Der von Erasmus hoch geschätzte Lorenzo Valla hatte, aufgrund des historischen Sprachstandes der Urkunde, die ‚Konstantinische Schenkung' 1440 definitiv als Fälschung entlarvt; seine Schrift, die Erasmus wohl im Manuskript zugänglich war, wurde erst 1517 durch Ulrich von Hutten veröffentlicht.

139 *Schatten eines großen Namens:* Lucans Formel ‚nominis umbra' aus dem Epos „Pharsalia" (I, 135) für den entmachteten Pompejus weist Julius einmal mehr die Rolle von dessen siegreichem Gegenspieler Caesar zu. Maximilian hatte 1507 für sich eine römische Kaiserkrönung geplant, wurde aber daran gehindert, die Gebiete des feindlich gesinnten Venezien zu durchqueren.

141 *Scipio:* Africanus, der Besieger Karthagos. – *Aemilius:* Eroberer Mazedoniens. – *ruhmredigster aller Soldaten:* superlativische Überbietung von Plautus' sprichwörtlichem Miles Gloriosus, der gleich dem an früherer Stelle anzitierten Thraso des Terenz (s. Anm. zu S. 31) den Inbegriff des aufschneiderischen Soldaten darstellt: Großmannssucht und Säbelrasseln sind hier die Haupteigenschaften des Nachfolgers Petri.

143 *mit dem bloßen Schatten meines Körpers:* vgl. Apostelgesch. 5,15. – *rief ... Tote ins Leben zurück:* Apostelgesch. 9, 36 ff.

145 *Saphira mit ihrem Gatten:* Beide hatten die Gemeinde um einen Teil vom Erlös ihres Ackerverkaufs betrogen

und gaben, nach den Vorhaltungen des Petrus, den Geist auf. – *Kerker:* vgl. Apostelgesch. 12. – *das Kreuz:* Nach der Überlieferung soll Petrus in Rom unter Nero mit dem Kopf nach unten gekreuzigt worden sein. – *nannte er uns selig:* in den Seligpreisungen der Bergpredigt, Matth. 5, 10ff.

157 *dem Überfluß ... der Fleischeslust:* im Original ein sehr erasmisches Wortspiel mit ‚vitiis'/‚divitiis', das quasi auf etymologischem Weg mitten im Reichtum das Laster aufspürt. – *Ihre aufgeschirrten Worte:* Erasmus' Abrechnung mit solch leerem und servilem Wortprunk findet sich in dem Dialog „Ciceronianus" von 1511.

159 *so ein großer Baumeister:* s.o., Anm. zu S. 37.

161 *daß das Volk noch nicht unheilbar verloren ist:* Hier äußert Erasmus seine Hoffnung auf einen würdigeren Nachfolger, den er, zumindest anfänglich, in Leo X. auch zu finden glaubte.

Abb. 2: Erasmus nach einem Stich von Albrecht Dürer, 1526. Die lateinisch-griechische Inschrift lautet übersetzt: „Bildnis des Erasmus von Rotterdam, von Albrecht Dürer nach dem Leben gezeichnet. Das bessere (Bild) zeigen seine Schriften." Die Bilddarstellungen des Erasmus sind deutlich von der Ikonographie des Bibelübersetzers Hieronymus beeinflußt und ganz auf die Würde des Schreibens und des Buches ausgerichtet. Der Text des so lebensecht aufgeschlagenen Folianten scheint lesbar, ist es aber nicht.

Das dritte Meisterwerk des Erasmus

Quid non potest simulata religio?
Was geht nicht alles unter dem Deckmantel der Religion?
(„Charon“ aus den *Colloquia*)

Julius II.: Ein Renaissance- und Soldatenpapst

Allen künstlerisch und touristisch orientierten Rompilgern ist er ein Begriff: Julius II. (1443–1513), mit dem bürgerlichen Namen Giuliano della Rovere eher bescheidenen Verhältnissen in Savona, Ligurien, entstammend, im letzten Jahrzehnt seines Lebens als mächtiger Renaissancepapst der architektonische Erneuerer Roms, Bauherr der neuen Peterskirche, die der unermüdliche Auftraggeber von Bramante, Michelangelo und Raffael als größten und glanzvollsten Dom der Christenheit und als Bühne für sein triumphales Grabmonument entwerfen ließ.
Der posthume, eher diesseits-bezogene Ehrgeiz des Papstes blieb unbefriedigt. Statt des freistehenden überlebensgroßen Denkmals, um das sich mehr als vierzig Figuren gruppieren sollten, zeitigte die jahrzehntelange Arbeit des Meisters nur – nur? – den gehörnten Moses von San Pietro in Vincoli und die

beiden Sklaven im Louvre, Epiphanien der zürnenden Gottheit, und der Knechtung: der Seele durch den Leib, des Freiheitsstrebens durch Gewalt. Julius selbst ruht, Ironie der Kunst- und Kirchengeschichte, unter einer bescheidenen Marmorplatte in Sankt Peter. Zur Finanzierung des Großprojekts Peterskirche wurde übrigens in ganz Europa jener berüchtigte Generalablaß vertrieben, der zehn Jahre später in Deutschland ein wesentlicher äußerer Anstoß für die Reformationsbewegung werden sollte.

Michelangelo stand seinem hohen Herren durchaus nicht unkritisch gegenüber. In einem Sonett („Signor, se vero è") geißelt er die Knauserigkeit des Papstes mit den Worten, der Himmel müsse alle Schaffenskraft („ogni virtù") mißachten, wenn er vom Künstler verlange, die Frucht seiner Mühen von einem trockenen Baum zu pflücken. Der Baum ist die Eiche, *rovere*, das Wappenbild des Julius. Ein anderes Sonett beschreibt das zeitgenössische Rom als eine einzige Perversion des Christentums und als heidnische Waffenschmiede:

Qua si fa' elmi di calici e spade,
E'l sangue di Cristo si vende a giumelle,
E croce e spine son lance e rotelle,
E pur da Cristo pazienza cade ...

Hier schmiedet man aus Kelchen Helm und Schwert,
Und Christi Blut verkauft man ungeniert,
Aus Kreuz und Dornen wird hier Schild und Speer,
Sodaß selbst Christus die Geduld verliert ...

Das Gedicht ist sarkastisch unterzeichnet: *Vostro Michelagnolo in Turchia*, „Euer Michelangelo im Türkenland".
Seinen Papstnamen scheint Julius Secundus mit einem Seitenblick auf Julius Caesar gewählt zu haben. Die Landsleute nannten ihren caesarischen Pontifex gern „Il Papa terribile". Auf dem Stuhl Petri, den er bald nach einem besonders berüchtigten Papst aus dem Hause Borgia, seinem Todfeind Alexander VI., bestieg und den er gelegentlich mit dem Heerlager vertauschte, galt all sein Ehrgeiz und seine enorme Energie der Mehrung von Macht und Pracht der Kirche und des Kirchenstaates. Zuvor war seine Laufbahn bereits einigen Wechselfällen des Schicksals unterworfen. Gefördert durch seinen Onkel, Papst Sixtus IV., hatte er über ein Dutzend Bischofswürden und -pfründen auf sich vereint. Als Anführer der Opposition gegen Alexander VI. unter den Kardinälen mußte er 1492 nach Frankreich fliehen, dessen König er zu kriegerischen Unternehmungen gegen Italien anstachelte, um seinen päpstlichen Gegenspieler doch noch zu Fall zu bringen. So legte er selbst die Grundlage eines langanhaltenden, denkbar blutigen Konflikts. Später, auf dem Stuhl Petri, sollte er nach mancherlei taktischen Allianzen mit den Franzosen alles daran setzen, die herbeigerufenen Unruhegeister wieder aus Italien zu vertreiben, was ihm nur unter gewaltigen Blutopfern und dank einer wahrhaft machiavellistischen Bündnispolitik gelang.
Als italienischer Territorialfürst, der er ganz wesent-

lich war, setzte Julius bedenkenlos das Mittel des Kirchenbanns als Machtinstrument gegen seine politischen Gegner ein, gegen Venedig, Bologna, Ferrara. 1509 trat er der Liga von Cambrai bei, einem Bündnis von Ludwig XII. und Kaiser Maximilian gegen das allzu mächtige Venedig; auf diesem Weg gelang es ihm, die antipäpstlich eingestellte Republik zu besiegen und weite Teile der Romagna für den Kirchenstaat zurückzugewinnen. Bei der 1511 geschlossenen Heiligen Liga sah die Konstellation dann anders aus, ging es doch darum, die Franzosen wieder aus Italien hinauszujagen. Zu diesem guten Zweck verbündete sich der Papst mit dem Kaiser, mit dem alten Feind Venedig, den Schweizern und dem König von Aragon. In der Schlacht von Ravenna am Ostersonntag 1512 errangen die Franzosen einen Pyrrhussieg in einem Gemetzel, das zum Wendepunkt ihrer italienischen Intervention wurde. Luther sagte über die Rolle des Papstes bei diesem Treffen: „Er hat am Ostertage dem Teufel eine schöne Meß gelesen, da an die zwanzigtausend Christen umkommen sind" (*Tischreden,* IV, Nr. 4388).

Lange davor hatte Julius, mit Unterstützung Frankreichs und zahlreicher italienischer Städte, an Bologna, das unter dem selbstbewußten Regiment des Giovanni Bentivoglio nur noch pro forma die päpstliche Oberhoheit anerkannte, bereits ein weithin sichtbares Exempel seiner kirchlichen Politik statuiert. 1506 eroberte er die Stadt, wobei er selbst die Streitmacht anführte, und feierte danach einen prachtvollen Triumph, der auf manche Betrachter

(darunter ein gewisser Erasmus aus Rotterdam auf italienischer Bildungsreise) einen überaus heidnischen Eindruck machte. Kein Geringerer als Michelangelo wurde beauftragt, zur Erinnerung an dieses freudige Ereignis eine Statue des Papstes anzufertigen, mit einem Schwert – und nicht etwa einem Buch – in der Rechten. Als die Bentivogli 1511 mit Hilfe der Franzosen Bologna zurückeroberten, wurde die Statue zerstört, was Julius, nicht nur aus künstlerischen Gründen, sehr verärgerte.

Auch in dogmatischer Hinsicht wurde Frankreich zum erbitterten Gegenspieler des Papstes, der sich wenig geneigt zeigte, seinem Wahlversprechen eines baldigen Reformkonzils nachzukommen. Auf Betreiben der Franzosen und mit lauer Unterstützung Maximilians I. wurde im September 1511 ein Konzil nach Pisa einberufen, hinter dessen Reformprogramm handfeste politische Interessen der ‚gallikanischen', also nationalfranzösischen Kirche standen: sie zielten letztlich auf die Absetzung des amtierenden Papstes und die Wahl eines französischen Nachfolgers. Julius II. reagierte unverzüglich mit der Einberufung eines eigenen, ökumenischen Konzils in den Lateran und mit Exkommunikation der abtrünnigen Kardinäle. Damit war der Gegenveranstaltung politisch das Wasser abgegraben, ohne daß das Fünfte Laterankonzil, das sich auch nach Julius' Tod noch längere Zeit dahinzog, den Mut zu den dringend notwendigen innerkirchlichen Reformen gefunden hätte.

Abb. 3:

Julius II., wie er gesehen sein wollte – ein Portrait geballter Willenskraft.

Silbermünze „Giulio“, geprägt ca. 1508.

Julius II. ist der Welt nicht nur als großer Baumeister und Mäzen aller Renaissancekünste im Gedächtnis geblieben, sondern auch – besonders in seiner Heimat – als Patriot, der unter dem Schlachtruf *Fuori i barbari!* Italien von jeder Fremdherrschaft befreien und einigen wollte, freilich unter der geistlichen und weltlichen Herrschaft eines starken Papsttums. Er war zeitlebens stolz auf seine ligurische Abstammung und ließ die Inschrift *Iulius Secundus Ligur Papa* auf Medaillen und Bauwerke setzen. Der Stolz darauf, die Macht der Kirche nach Kräften gemehrt zu haben, stärkte ihn noch auf dem Totenbett seines – nach zeitgenössischen Zeugnissen durchaus gottseligen – Endes. Als er in der Kirche aufgebahrt lag, pilgerten die Römer, die ihn nicht immer geliebt hatten, in hellen Scharen und sichtlich bewegt an seinem Leichnam vorbei.

Naturgemäß gab es nicht ausschließlich wohlwol-

lende Nachrufe. Der Historiker Guicciardini etwa schrieb, Julius stehe in hohem Ansehen „bei all jenen, die da meinen, es sei eher die Aufgabe der Päpste, mit Waffen und Christenblut die Besitzungen des Heiligen Stuhls zu erweitern als durch das gute Beispiel des eigenen Lebens und durch Fürsorge und Besserung der am Wege Gefallenen für jene Seelen zu wirken, zu deren Heil sie (wie sie sich rühmen) von Christus zu seinen Stellvertretern auf Erden berufen sind" (*Storia d'Italia,* Buch XI, Kap. 8). Luther drückte sich etwas weniger elegant aus. Er nannte den Papst ein „monstrum in potentia, ein gräulich gewaltig Wundertier" (*Tischreden* IV, Nr. 4488) und einen „Blutsäufer" (*An den christlichen Adel deutscher Nation*). Unter den unzähligen bitteren Satiren, die dieses Pontifikat in einer Ära inspirierte, als Italien eine einzige Lästerschule geworden war (J. Burckhardt), hat es freilich nur eine einzige zu literarischem Ruhm gebracht.

„Julius Exclusus": Text ohne Autor?

„Was zum Teufel ist denn hier los? Wieso geht die Tür nicht auf? ... Mir steigt die Galle hoch! Denen schlag ich glatt das Tor ein!" So ungestüm pocht in dem sarkastischsten Nachruf auf Julius II. dieser selbst an die Pforte des Himmels, auf den er nicht nur von Amts wegen, sondern vor allem als großer Krieger und Prunkpapst Anspruch erhebt. Im folgenden

Dialog mit dem Türhüter Petrus, dessen Ironie zu Lasten des Titelhelden geht, zeigt sich der Kirchenfürst als Großsprecher einer total verweltlichten und machtbesessenen Kurie. Seinem Vorgänger, der noch in urchristlicher Naivität befangen ist, erläutert er ebenso drastisch wie selbstgefällig die diabolischen Winkelzüge eines wahrhaft modernen Kirchenregiments. Die paradoxe Pointe besteht darin, daß sich der christliche Oberhirte dabei als wahrer Antichrist entlarvt.

Die ersten Drucke dieser bemerkenswerten ‚Stachelschrift' erschienen mit großer Wahrscheinlichkeit 1517, im Jahr des Wittenberger Thesenanschlags, unter verschiedenen Titeln, ohne Zeit- und Ortsangabe; entweder anonym als „Julius. Dialog aus der Feder eines gewissen, höchst gelehrten Mannes, ungemein witzig und geschliffen" (*Iulius. Dialogus viri cuiuspiam eruditissimi, festivus sane ac elegans*) oder, mit rätselhaften Verfasserinitialen, als „Büchlein des königlichen Dichters F.A.F. über den Tod des Papstes Julius im Jahre des Herrn MDXIII" (*F.A.F. Poetae Regii libellus de obitu Iulii Pontificis Maximi. Anno domini MDXIII*). „Libellus" bezeichnet mit schönem Doppelsinn das ‚kleine Buch' ebenso wie die Schmähschrift. Die Initialen sind von der Forschung als „Faustus Andrelinus Foroliviensis" aufgelöst worden. Fausto Andrelini aus Forlì war ein in Paris heimisch gewordener Humanist und Hofdichter, ein alter Freund des Erasmus aus dessen frühen Pariser Jahren. Die F.A.F.-Version des Dialogs enthält eine unvollständigere, stilistisch weniger geglättete Fassung,

während der ausführliche Text sich enger an ein mit August 1516 datiertes Manuskript des Humanisten Bonifatius Amerbach anschließt, der zum Basler Freundeskreis des Erasmus gehörte. W. K. Ferguson hat ihn deshalb als Basis seiner richtungsweisenden Ausgabe gewählt. Der später allgemein übliche Titel *Iulius Exclusus* erschien erstmals in einer Basler Ausgabe von 1544.

Der geschliffene Stil, die satirische Fiktion und die enge Verwandtschaft mit papstkritischen und antikriegerischen Passagen aus dem *Lob der Torheit* und der vielfach ins Essayistische ausgeweiteten Sprichwortsammlung *Adagia* (besonders „Dulce bellum inexpertis" und „Sileni Alcibiadis") bewirkten, daß der *Julius* fast sofort von Freund und Feind dem Erasmus zugeschrieben wurde: „Aut Erasmus aut Diabolus". Ein frühes Zeugnis dieser Rezeption enthält eine Passage im Brief des Humanisten Guy Morillon, Sekretär des Kanzlers von Burgund, an Erasmus vom 18.2.1517, nachdem der Schreiber die ‚Scherzgemeinschaft' der beiden Korrespondenten angesprochen hat: „Wie uns der ‚Julius' anlachte (dem wir durch anhaltendes Gelächter die letzten Ehren erwiesen), wie schön, wie witzig, mit einem Wort, wie erasmisch (*quam Erasmice*) man ihn mit Petrus streiten sah, läßt sich eher vorstellen als erklären. Der Kanzler wußte ihn über die Maßen zu schätzen." Wenig später berichtet der Angesprochene seinem englischen Freund Thomas Morus – mit spürbarem Stolz? –, daß der bekannte Dialog (*ille dialogus*) dem großen Kanzler außerordentlich gefalle.

Diesem augenzwinkernden Spiel der Andeutungen, wenn es um die Verfasserschaft des Erasmus geht, werden wir in seiner Korrespondenz noch öfter begegnen. Offenbar wußte der Freundeskreis Bescheid. Aber auch seine zahlreichen Gegner, allen voran die Theologen von Köln und Löwen, ließen sich die gute Gelegenheit nicht entgehen, ihn weiter in Verruf zu bringen, und denunzierten ihn als Autor. Die Anhänger der beginnenden Reformation in Deutschland entdeckten rasch die Tauglichkeit des Dialogs als antipäpstliche Waffe. Luther bewunderte ihn fast wider Willen, da ihm das Scherzen mit religiösen Dingen eigentlich gegen den Strich ging: „Erasmus muß mit Julius und den Kardinälen eng vertraut gewesen sein. Sonst hätte er nicht den Dialog von Julius und Petrus schreiben können, den ich am liebsten selbst übersetzt hätte – aber ich konnte ihn nicht angemessen wiedergeben“ (*quem ego volui vertere, sed non potui apte reddere;* Tischreden IV, Nr. 4902); ein höchst bemerkenswertes Kompliment an den Autor.

Zu einer Zeit, als Erasmus sich für seine umstrittene kritische Ausgabe des Neuen Testaments um das Patronat des Papstes Leo X. bemühte und die dogmatischen Streitigkeiten in Deutschland an Schärfe zunahmen, muß er, bei all seiner Autoreneitelkeit, den *Julius* zunehmend als Klotz am Bein empfunden haben. In zahlreichen privaten und offiziösen Briefen – seine Episteln zirkulierten weithin im europäischen Kulturraum – verwahrt er sich gegen die Zuschreibung; gibt zu, der Stil sei schon einiger-

maßen erasmisch (*nonnihil Erasmicum*), aber er werde eben von vielen nachgeahmt; bringt andere mögliche Verfasser ins Spiel: einen anonymen Spanier, oder Fausto Andrelini, oder Girolamo Balbi; bestreitet, jemals etwas Anonymes oder eine persönliche Invektive veröffentlicht zu haben; beklagt sich, daß man mit seinem Namen die *bonae litterae* allgemein treffen wolle; behauptet, das Werk vor fünf Jahren nur ein wenig angelesen zu haben; überhaupt habe er keine Zeit für solche Albernheiten, ein Narr müsse das corpus delicti verfaßt und ein Halunke es herausgegeben haben: „Ich bin nicht so gottlos, den obersten Pontifex zu verhöhnen, noch so töricht, gegen Leute zu schreiben, die mich in Acht und Bann tun können" (mit einem hübschen Wortspiel: *ut in eos velim scribere qui possunt proscribere*).

Es fällt nicht schwer, in diesen gehäuften Äußerungen jene Doppelzüngigkeit auszumachen, die das ironische Markenzeichen des Humanisten im Wortstreit mit den Mächten der Zeit, und des Erasmus im ganz besonderen ist. Wie sein Bewunderer Rabelais steht Erasmus zu seinen Ansichten, aber bitte nur bis an den Rand des Scheiterhaufens, „jusqu'au feu exclusivement". Die Eingeweihten respektierten sein Dilemma und wußten, wann er aus Gründen der Selbstsorge die Wahrheit verdrehte. Morus etwa beteiligt sich zur Verteidigung seines Freundes an der Verwischung der Spuren, indem er genau der erasmischen Taktik folgt: Für den *Julius* und seine Verfasserschaft habe er sich nie besonders interessiert; in Paris sei ein Stück zu diesem Thema öffentlich auf-

geführt worden, und Bischof Poncher, der als Legat in England weilte, habe das Büchlein, das wohl aus der Feder des Andrelini stamme, mitgebracht, sodaß sich Erasmus ohne weiteres eine Abschrift anfertigen konnte.

Denn natürlich schwindelt Erasmus, wenn er behauptet, das Pamphlet nicht zu kennen oder nur flüchtig gelesen zu haben; wir wissen, daß er davon zumindest *ein* eigenhändiges Manuskript besaß. Im Juni 1516 entschuldigt sich sein junger und etwas leichtfertiger Sekretär aus Cambridger Zeiten, Thomas Lupset, zerknirscht dafür, einige Schriften des Erasmus unberechtigt zurückbehalten zu haben – es sei ihm zu unsicher erschienen, sie einem Boten anzuvertrauen. Einige Monate später berichtet Morus dem Erasmus, er habe von Lupset ein paar Quarthefte zur Aufbewahrung erhalten, „alle von deiner Hand, aber lauter erste Entwürfe, nichts Abgeschlossenes", darunter „Julii Genius" – zweifellos ein erster Text des *Julius Exclusus,* und möglicherweise die Vorlage für die etwas kürzere Druckfassung. (Die Handschrift könnte, ebenso wie das Amerbach-MS nach Fabisch, 501, titellos mit den z.T. abgekürzten Aktanten IUL.GENIUS.PETRUS begonnen haben, was die Mißdeutung des Titels durch Morus erklären würde.)

Erasmus hatte Lupset offenbar im Verdacht, das Werk heimlich publik gemacht und ihn dadurch kompromittiert zu haben, und war darüber heftig verstimmt. Erst als er das heikle Manuskript wieder sicher in Händen hatte, trat so etwas wie eine Beruhigung

ein. Ebenso fragwürdig ist sein Dementi irgendeiner Mitwisserschaft bei der Veröffentlichung. Nicht nur scheint die Amerbach-Handschrift im Zusammenhang mit einem Basler Druck zu stehen, sondern auch die erste datierte Ausgabe aus der Werkstatt seines Löwener Freundes Thierry Martens erfolgte genau zu dem Zeitpunkt (im September 1518), als Erasmus in dessen Haus krank daniederlag! Die große Mehrheit der Erasmus-Experten sieht hier die Merkmale eines taktischen Doppelspiels, das ihrem Autor auch sonst nicht ganz fremd war. Die ironische Maskerade mit der Verfasserschaft gewagter Fiktionen stellt den Witz des *stilus festivus* in den Dienst des Selbstschutzes. Dies belegen nicht zuletzt zwei berühmte, einflußreiche und streitbare Publikationen der Zeit aus Humanistenkreisen, die *Briefe der Dunkelmänner* (*Epistolae obscurorum virorum*) von 1515 und die *Utopia* des Thomas Morus von 1516 – letztere übrigens auch in Löwen bei Thierry Martens gedruckt.

Zur (wahrscheinlichen) Entstehungsgeschichte des „Julius“

Nach dem Zeugnis des Textes selbst müßte der *Julius Exclusus* unmittelbar nach dem Tod des Papstes im Februar 1513 und vor der Wahl seines Nachfolgers geschrieben worden sein, denn der Titelheld bezieht sich an einer Stelle (S. 25) auf Streitigkeiten, die dem

Konklave vorausgingen – doch vielleicht ist dieses Detail ja auch nur Teil der dramatischen Fiktion. Immerhin sprechen manche Wiederholungen und gewisse strukturelle Schwächen des Dialogs (wie die unausgewogene Rolle des ‚Genius') durchaus für eine rasche Niederschrift.

Die deutlich frankreichfreundliche Tendenz der Satire und ihre zahlreichen Echos der Papstkritik aus dem *Lob der Torheit (Moriae Encomium)* lassen darüber hinaus den Schluß zu, daß die Gespräche des Erasmus im Pariser Humanistenkreis, Sommer 1511, als er den Freunden seine *Moria* vorstellte und sie zum Druck vorbereitete, den ersten Anstoß für die Entstehung des Dialogs gegeben haben dürften. In diesem Zusammenhang steht nach Ansicht vieler Kritiker ein *Carmen iambicum* oder Schmähgedicht auf Julius II., das wir in der Handschrift des Erasmus besitzen und das im Rahmen eines Vergleichs der beiden Julii (des Papstes mit Caesar) erstmals viele Motive des Dialogs skizziert:

> Wie haargenau paßt er auf dich, der Name
> Julius II.! Ein neuer Julius bist du, das ist klar.
> Auch der andere war seinerzeit Pontifex Maximus
> und riß mit Frevlerhand tyrannische Herrschaft an sich.
> So beliebte es ihm, wie es dir eben beliebt,
> aus Gründen der Macht noch jedes Bündnis zu brechen.
> Die Götter mißachtete er, auch darin bist du ein Julius.
> Den ganzen Erdkreis hat er durch Mord und blutigen Krieg
> in Aufruhr gebracht, ganz wie du, Julius der Zweite.
> (Doch, so alt du auch bist, *ein* Nikomedes reicht nicht für dich –
> in dieser Hinsicht stichst du den Julius aus!)
> Für Gallien war jener der größte Plagegeist:
> auch du bist Galliens allergrößte Pest.

Nichts Heiliges war an ihm dran, außer der heiligen
 Krankheit.
Die Rächerin aller Schandtaten, Erynnis, hat ihm die Brust
mit Furien zerfleischt, und das Bewußtsein seiner
 Vergehen.
Finster war seine Stirn und drohend sein Blick,
und gerissener war er als jeder Schmierenkomödiant.
In diesen und anderen nennenswerten Eigenschaften
kommst du ihm nahe und gleich, ja übertriffst noch
 den Julius!
In einem winzigen Punkt bloß bist du verschieden von ihm,
weil du, gemein von Geschlecht, Wein mehr liebst
 als Wissenschaft.
Doch um ganz Julius zu sein, fehlt dir einzig
dies eine noch: daß dir ein Brutus zustößt.

(Nikomedes, König von Bithynien, unterhielt freundschaftliche – nach Ansicht mancher Zeitgenossen: homosexuelle – Beziehungen zu Caesar. Die ‚heilige Krankheit' war ein griechischer Euphemismus für Epilepsie, aufgrund der ‚ekstatischen' Zuckungen und Entrückungen ihrer Patienten. Die Heimsuchung durch Furien spielt auf die Albträume an, die im 7. Buch von Lucans Bürgerkriegsepos Caesar nach seinem blutigen Sieg über Pompejus bei Pharsalus peinigen.) Dieses Epigramm könnte sehr wohl die Geburtsstunde des *Julius Exclusus* festhalten. Die handschriftliche Fassung ist an Thomas Morus gerichtet; auf der Rückseite findet sich die kryptische Notiz „Byth. Capad.", also Bithynien, Kappadozien, sowie Abkürzungen anderer antik-biblischer Landschaftsnamen, die nach Ansicht des Kritikers C. Reedijk auf die Adressaten des 1. Petrusbriefes in der kleinasiatischen Diaspora verweisen. Damit hätte

Erasmus schon im Zusammenhang mit dem Epigramm an eine satirische Gegenüberstellung von Julius und Petrus gedacht. Doch bereits im *Lob der Torheit* wird der Dekadenz der modernen Päpste das heilige Leben des Petrus höchst pointiert gegenübergestellt.

Während seines Englandaufenthaltes von 1509 bis 1514 ließ sich Erasmus, wie wir wissen, durch kontinentale Gewährsmänner laufend und genau über die politischen und klerikalen Aktionen des Papstes berichten. Er war ebenso aus erster Hand über dessen Kriegs- und Bündnispolitik informiert, wie auch – wohl vorwiegend von französischer Seite – über die Konzile von Pisa und Rom. Auch seine und seiner englischen Freunde bittere Enttäuschung über die Kriegspolitik des jungen Heinrich VIII. hat ihre Spuren in dem Dialog hinterlassen – sie spielte sicherlich eine wichtige Rolle bei der leidenschaftlichen Verdammung des ‚viehischen Krieges' (*bellum beluinum*), wie ihn sein enger Vertrauter Thomas Morus in der *Utopia* nennt. Und dann erschien, ausgerechnet im Todesjahr des Papstes, der Erstdruck eines Textes, der sich Erasmus als Gattungsmodell für seine Satire anbot, der *Apokolokyntosis* oder Verkürbissung (=Veräppelung) des Kaisers Claudius durch Seneca (s.u.). Wir dürfen demnach annehmen, daß der *Julius Exclusus* bald nach dem Tod des Titelhelden in England entstanden ist, und daß die Hoffnung, die Erasmus auf den neuen Papst Leo X. setzte, eine Veröffentlichung unratsam machte. Das Manuskript des Bonifatius Amerbach (dazu noch ein zweites, unvollstän-

diges von der Hand seines Bruders Bruno) als älteste erhaltene Textfassung legt freilich den Schluß nahe, daß Erasmus aus einem verständlichen Autorenstolz den Text handschriftlich unter vertrauten Freunden zirkulieren ließ.
Wie es zu den ersten Drucken und den unterschiedlichen Texttypen kam, bleibt ungeklärt. Mit hoher Wahrscheinlichkeit spielt die Indiskretion Lupsets oder eines anderen Eingeweihten dabei eine Rolle, aber auch die heimliche Zustimmung des Autors zu einer Veröffentlichung, im Vertrauen auf die gewahrte Anonymität und die Hilfe seiner Freunde bei der Spurentilgung, ist keineswegs auszuschließen. Mit der Verschärfung der religiösen Polemik in der Frühphase der Reformation wurde der *Julius* von den Lutheranern als antirömische Streitschrift benützt (auch Hutten scheint dabei eine Rolle gespielt zu haben, vielleicht schon, wie manche Kritiker meinen, bei der ersten Veröffentlichung). Das hatte zur Folge, daß mit dem Anwachsen des öffentlichen Drucks eine glaubwürdige Distanzierung des Erasmus von diesem skandalösen Opusculum immer dringlicher wurde.

Der Einspruch der deutschen Kirchenhistoriker

Obgleich die internationale Erasmus-Forschung seit langem mit prominenter Mehrheit den Streit um die Verfasserschaft für beendet erklärt hat (Ferguson, 46: „There was but one man in Europe who could

have written the *Iulius ...*"), gibt es bis in jüngste Zeit abweichende Meinungen. Besonders hartnäckiger Widerspruch kommt dabei aus dem Kreis deutscher, meist protestantischer Kirchenhistoriker. Ansatzpunkt ist die ausführliche Behandlung der beiden antagonistischen Konzile im Dialog – sie nimmt etwa ein Viertel des Textes ein – mit unverkennbarer Parteinahme für die französische Seite, und die Verwandtschaft seiner Motive mit dem reichen polemisch-satirischen Repertoire der Anti-Julianer, besonders in Frankreich und Venedig. Für eine rein historische Sicht der Dinge lag es daher einigermaßen nahe, den *Julius* als bloße Propagandaschrift zu lesen und seinen Verfasser im französischen Lager zu suchen. Den Reigen eröffnet Ludwig von Pastor in einer länglichen Fußnote zu Band III/2, 873 f. seiner monumentalen *Geschichte der Päpste im Zeitalter der Renaissance.* Dort wird erklärt, das Pasquill gehe „offenbar vom französischen Standpunkt aus" und stamme wahrscheinlich von Fausto Andrelini, „einem völlig zum Franzosen gewordenen Italiener". Mit anderen Worten, Pastor nimmt, ohne auf Einzelheiten einzugehen, die Stichworte auf, die Erasmus und Morus selbst ausgestreut hatten, um die Frage der Autorschaft zu verunklären.

Ins Einzelne geht dann das 1937 erschienene Buch von Carl Stange mit dem resoluten Titel *Erasmus und Julius II.: eine Legende.* Das Werk hat als Auseinandersetzung mit einem literarischen Text einen Sonderstatus in der gewaltigen Publikationsliste des Autors zu Fragen der christlichen Ethik und der

Religionsphilosophie. Entsprechend unliterarisch ist generell die Perspektive, etwa wenn Stange gleich zu Anfang die sarkastische Formel aus einem Brief des Erasmus über den Bologneser Triumph des Papstes *plane Julium agit*, „er spielt ganz und gar den Julius (Caesar)" als Lob mißdeutet (5) (vgl. S. 100).

Der Ton, in dem er den rein politischen Charakter des *Julius* behauptet und Andrelini – ohne jeden Blick auf dessen Schriften – als Verfasser dingfest macht, klingt ähnlich apodiktisch wie der Titel des Buches. So wird Erasmus jedes politische Verständnis und jeder geschichtliche Sinn rundum abgesprochen: „Die Begabung des Erasmus ist ausschließlich literarisch" (73), eine erstaunlich törichte Feststellung. Weiterhin kann es für Stange „keinen Augenblick zweifelhaft sein, daß nur ein Franzose oder ein französisch gesinnter Italiener den Dialog geschrieben haben kann" (84).

Immer wieder ist das alte und tiefsitzende Mißtrauen der protestantischen Theologie gegen Erasmus und die Humanisten mit Händen zu greifen: „Die Kritik des Dialogs ist von ehrlichem Zorn eingegeben, nicht wie die des Erasmus von frivoler Spottlust" (114). Bei aller spürbaren Abneigung gegen den großen Humanisten will Stange ihn aber nach Kräften vom Ruch einer „augurenhaften Verlogenheit" (220) befreien, indem er jedes Dementi der Autorschaft strikt unironisch liest: „Wenn Erasmus der Verfasser des Dialogs ist, dann kann man seine Ableugnung dieser Tatsache nur als einen Beweis seiner absoluten Verlogenheit ansehen" (247). Und das will Stange

dann doch nicht, obwohl er als Mitverfasser eines Protestbriefes gegen die Hochschulpolitik der Nazis und zugleich loyaler Anhänger des Regimes ein gewisses Verständnis für Grenzgängerei in Sachen der Wahrheit hätte aufbringen können.

Trotz der Grobschlächtigkeit seines Ansatzes hat Stanges Buch vor allem auf Vertreter der Kirchengeschichte einigen Eindruck gemacht. Dies gilt auch für seine Behauptung, die von den Vorgängern beigebrachten, häufig sehr engen, Übereinstimmungen von Passagen des *Julius* mit unstrittig erasmischen Werken seien zu topisch oder unspezifisch, um Beweiskraft zu besitzen, und für seine These, die F.A.F.-Version müsse der Erstdruck des Werkes sein, da sie seinen Rohzustand darstellt und den favorisierten Andrelini wenigstens mit Initialen benennt. Weil er das im Titel genannte Todesjahr des Papstes für das Erscheinungsjahr hält, datiert er die Ausgabe auf 1513. K.A. Meissinger freut sich im Jahre des Heils 1942 darüber, daß Stange, dessen Thesen er sich kritiklos zu eigen macht, die Wahrhaftigkeit des Erasmus gerettet habe, was er als Zeichen einer Erasmus-Renaissance wertet (234). Georg Gebhardt erklärt dann 1966 im Anschluß an Stange den im Dialog vertretenen Konziliarismus (die Unterordnung des Papstes unter ein Konzil) für unvereinbar mit dem Kirchenbegriff des Erasmus.

Zuletzt hat Peter Fabisch 2008 in einer voluminösen Schrift von katholischer Seite versucht, „mit neuem Quellenmaterial die Glaubwürdigkeit des Erasmus zu stützen“ (3). Er tut dies mit deutlicher Voreinge-

nommenheit für Stange, aber viel breiter ausgreifend; die Schwächen des Vorgängers sucht er zum Teil durch Modifikation der Stangeschen Thesen zu relativieren. Vor allem holt er den dort vernachlässigten Textvergleich des *Julius* mit anderen einschlägigen Werken des Erasmus nach, und umreißt andrerseits auch die Motivik der gallikanischen Propaganda und Satire in Frankreich. Das etwas arbiträre Fazit: Die Kongruenz im ersten Fall „zeugt nur von der Verbreitung der literarischen Topoi und dem epochalen Phänomen der Ausprägung eines ‚erasmischen' Stils" (251), im zweiten aber beweisen gerade die gängigen Topoi, daß nur ein Parteigänger des Gallikanismus, sprich Andrelini, und keinesfalls der mit dem französischen Standpunkt so wohlvertraute Erasmus der Autor sein könne.

Neben der unklaren Systematik, den vielen Wiederholungen und dem Mißverhältnis zwischen ausuferndem Referat und abrupten Folgerungen stört vor allem die Manier des Verfassers, bloße Spekulation im Modus eines Tatsachenberichtes vorzutragen: „Aus diesen Quellen ... kompilierte Andrelini den ‚Iulii Genius', nachdem er im Schoß des humanistischen Freundeskreises unter dem Eindruck der ‚Moria' den satirischen Ur-Einfall entwickelt hatte ..." (423). „Daß ... Andrelini den genialen Einfall zum Julius-Dialog hatte, war natürlich im Moruskreis bekannt ..." (438f.). Wie schon bei Stange, ist Erasmus allenfalls als Nachbesserer zugelassen.

Was tut es schon, daß es für die Genialität des Andrelini – dem der Text übrigens erst posthum zu-

geschrieben wurde – keinerlei Belege gibt, da von ihm keine Satiren überliefert sind, „so daß eine stilistische Untersuchung nicht möglich ist“ (168)? Oder daß eine Textstelle seine Landsleute, die Italiener, als Ausfluß von allem barbarischen Unrat bezeichnet (S.103)? Und was tut es, daß zwei vor einiger Zeit entdeckte fiktionale Episteln aus seiner Feder zur französischen Kirchenpolitik sich in Inhalt und Stil als völlig unvereinbar mit dem *Julius* erwiesen haben? (vgl. Mc Conica, 451f.) Deutsche Kirchenhistoriker werden weiterhin, in unverzagtem Widerstand gegen die angelsächsische, französische und niederländische Erasmus-Forschung versuchen, zur Rettung seines Leumunds dem großen Humanisten die Bürde seines dritten literarischen Meisterwerks abzunehmen.

Ein vernachlässigter Aspekt: die Gattungsfrage

In der Hitze des Gefechts um die Autorschaft des *Julius Exclusus* ging es vornehmlich um historische und biographische Gesichtspunkte, um Wort- und Motivechos und um Textgeschichte. Das Problem der literarischen Wertung und der Gattungszugehörigkeit wurde nur gestreift, letzteres meist im Hinblick auf bestimmte Texte wie die *Totengespräche* des Lukian oder die *Apokolokyntosis,* also die Satire des Seneca über Tod und ‚Himmelfahrt‘ des Kaisers

Claudius. Als Schlüssel für das Textverständnis sah man die Gattungsfrage kaum.

Bekanntlich hat Erasmus mit Morus zusammen einige Dialoge Lukians, des antiken Satirikers falscher Autoritäten und späteren Lieblings der freien Geister, ins Lateinische übersetzt. Den Hütern der Orthodoxie war diese Wahlverwandtschaft verdächtig, für freiheitlich und reformatorisch gesinnte Autoren wie Pirckheimer und Hutten bedeutete Lukians Einfluß, zusammen mit dem des Erasmus, eine literarische Inspiration ohnegleichen.

Dazu kam, um dieselbe Zeit, die Entdeckung der *Apokolokyntosis*, eines der witzigsten und bissigsten Texte der Antike. Der Titel versteht sich als komische Entsprechung der Apotheose, der Erhebung römischer Kaiser in den Götterstand nach dem Vorbild Caesars. Senecas Claudius verlangt herrisch die Aufnahme in die Göttergemeinschaft, wird aber nach längeren Verhandlungen und einer fulminanten Rede des Augustus in den Hades verwiesen. Wir wissen, daß Erasmus schon vor dem Erstdruck von 1513 den Text kannte, von dem es in Oxford gleich drei Handschriften gab: er erwähnt ihn in einem Brief an Morus, der später als Vorrede der *Moria* dienen sollte, bereits im Juni 1511 (Colish, 365f.). Bei Froben, dem Basler Freund und Verleger des Erasmus, wurde Senecas satirisches Totengericht 1515 zusammen mit dem *Lob der Torheit* nachgedruckt (s. Abb. 4, S. 202).

Der generische Zusammenhang zwischen diesen Texten – und ihre Verwandtschaft mit dem *Julius*

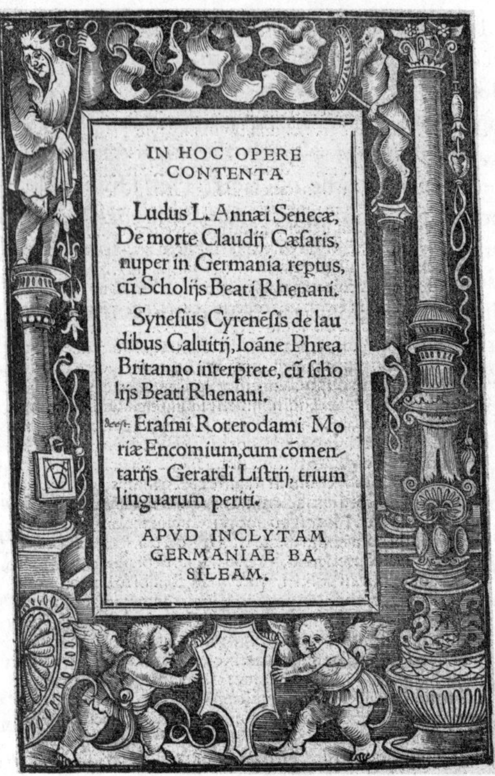

IN HOC OPERE
CONTENTA

Ludus L. Annæi Senecæ,
De morte Claudij Cæsaris,
nuper in Germania reptus,
cũ Scholijs Beati Rhenani.

Synesius Cyrenēsis de lau
dibus Caluitij, Ioāne Phrea
Britanno interprete, cũ scho
lijs Beati Rhenani.

Erasmi Roterodami Mo
riæ Encomium, cum cõmen
tarijs Gerardi Listrij, trium
linguarum periti.

APVD INCLYTAM
GERMANIAE BA
SILEAM.

Abb. 4: Titel eines Sammeldrucks Basel 1515, der Senecas *Kürzlich in Deutschland entdeckte Scherzschrift über den Tod des Kaisers Claudius* zusammen mit dem *Lob der Torheit* und dem *Lob der Kahlheit* von Synesius enthält. Der im Titel genannte Beatus Rhenanus war ein Basler Humanist und Kommentator der um dieselbe Zeit von Erasmus bei Froben herausgegebenen großen Seneca-Ausgabe.

Exclusus – besteht darin, daß sie alle zur Gattung der Menippeischen Satire gehören, einem ‚scherzernsten' Genre (*seriocomicum*), als deren Begründer der griechische Kyniker Menippos gilt. Sie wurde von den Humanisten im Rückgriff auf Lukian und Seneca erneuert und den geistigen Bedürfnissen ihrer Epoche angepaßt. Den für die antike Menippea vorherrschenden Wechsel von Vers und Prosa ersetzt die frühe Neuzeit weitgehend durch ein burleskes Gegeneinander verschiedener Stile. Entscheidend ist der exzentrische, häufig außerirdische Schauplatz, die ironische Präsentation der Fiktionen, dazu der paradoxe und stark metaphorische Charakter der ‚Handlung'. Im menippeischen Jenseits werden die Helden dieser Welt mit paradoxem Eklat degradiert. Ihre Quälgeister sind keine Höllenfurien, sondern Ironiker und Kyniker wie Diogenes oder Menippos, die die Mächtigen von einst verspotten, während diese ihr verflossenes Glück bejammern. Die radikale Umkehr der irdischen Verhältnisse ist hier das Prinzip jenseitiger Gerechtigkeit. Aber auch das paradoxe Lob gehört zu dieser Gattung einer ver-rückten Optik: Wenn die erasmische ‚Torheit' gleichsam von der Kanzel herab – so hat Holbein sie gezeichnet – ironisch ihr Eigenlob verkündet, dann ist in ihrer Person zugleich die zynische Rechtfertigung des verderbten Status quo und ihr satirischer Widerspruch verkörpert. Im *Julius* (ebenso wie in Lukians *Totengesprächen*) treten die beiden Instanzen getrennt auf. Der Papst fungiert bei diesem Wechselspiel von Inflation und Deflation als *miles gloriosus* des

bösen, Petrus als ironischer Wortführer des guten Prinzips.

Der konstruktive Kunstgriff des Erasmus besteht nun darin, daß er die gattungsverwandten Autoren Lukian und Seneca miteinander kreuzt. In den *Totengesprächen* werden die großmächtigen, häufig höchst kriegerischen Verstorbenen mit der radikal anderen Sehweise des Hades konfrontiert. So macht sich Diogenes über das Eroberertum und die Selbstvergottung Alexanders lustig und verordnet ihm einen kräftigen Schluck Lethe. Da die Toten noch völlig im irdischen Wahn befangen sind, beschuldigen sie sich mit ihrer Großsprecherei im Verhör durch ihren ironischen Widerpart, der letztlich das Totengericht vertritt, unablässig selbst. Es fällt nicht schwer, hier ein Modell des *Julius Exclusus* zu entdecken – bis auf den geringen Umfang der Totengespräche und die Tatsache, daß sie generell den direkten Angriff auf Zeitgenossen meiden.

Anders bei Seneca, auf dessen Titel *Über den Tod des Kaisers Claudius* die F.A.F.-Version des Erasmus mit der Überschrift *Über den Tod des Papstes Julius* anspielt. Die *Apokolokyntosis,* unmittelbar nach dem Tod des Titelhelden geschrieben, dem Seneca als Urheber seiner Verbannung ebenso grollte wie Erasmus dem Papst für seinen Bologneser Triumph, enthält ein reiches Maß jener satirischen Animosität, die manche Kritiker am *Julius* so un-erasmisch finden. Marcia L. Colish hat zwar auf den Seneca-Text als mögliche Quelle des Erasmus verwiesen, es aber versäumt, den motivischen Entsprechungen nachzugehen.

Wenn Petrus den ungestüm anklopfenden Julius zunächst nur als Ungeheuer wahrnimmt, so zitiert er damit Senecas olympischen Türhüter Herkules, der beim Anblick des Claudius erschrickt, weil er meint, seine dreizehnte Arbeit sei jetzt gekommen und er habe noch nicht alle Monstren bewältigt. Auch Claudius stößt, genau wie Julius, am Eingang des Götterhimmels wütende und fruchtlose Drohungen aus. Die körperlichen Gebrechen des Papstes wie Epilepsie und Syphilis erinnern an die erbärmliche Physis des kaiserlichen Hinkefußes und Stotterers. Der Kloakengestank, den Petrus an Julius wahrnimmt und den er darauf zurückführt, daß dieser sich soeben erst im Suff ausgespien hat, findet sein Pendant in der letzten Lebensäußerung des Claudius; sie besteht darin, daß er – in die Hosen (oder deren römische Entsprechung) macht: *concacavi me.*

Solche Derbheiten gehören zum Stil der persönlichen Invektive, ohne daß man sie dem Charakter des Autors zuschreiben müßte. In einer Satire von 1520 mit dem Titel *Eckius dedolatus/Der enteckte Eck* läßt Willibald Pirckheimer Luthers theologischen Gegenspieler nach dem Ironiemodell des *Julius Exclusus* sich im Gespräch mit einem ‚Beichtvater' selbst entlarven, worauf er erbärmlich verbleut, geschunden und mit einem Speimittel traktiert wird. Das ungewöhnlich starke satirische Gift des Erasmus ist also in diesem Fall generisch bedingt. In der *Moria* und in den *Colloquia* drückt er sich eleganter aus.

Zu Struktur und Stil des „Julius Exclusus“

Bei Seneca hält nach vielem olympischen Hin und Her Augustus eine große Schlußrede, die den Höllensturz des Claudius besiegelt und als leidenschaftlicher Schlußappell (*peroratio*) des Ganzen dient. Damit vergleichbar ist, nach dem langen Verhör, das Schlußverdikt des Petrus, gleichsam als Urteil des Totengerichts. Es ist der Moment, in dem der ernste Gehalt der Menippeischen Satire die scherzhafte Form in den Hintergrund treten läßt und eine Botschaft verkündet, die nun beim besten Willen nicht mehr als Propaganda für die französische Kirchenpolitik mißverstanden werden kann, wie jenes Reformprogramm, das Erasmus zuvor einem idealisierten Pisaner Konzil untergeschoben hat.

In diesem dramatischen Augenblick wird der kontrastive Vergleich zwischen Petrus und Julius, der – wie der Gegensatz von echtem und falschem Leben in den *Totengesprächen* – den ganzen Dialog durchzieht, explizit gemacht: „Wie, du Unverschämter, du unterstehst dich, deinen Ruhm mit meinem zu vergleichen (der freilich nicht mein eigener ist, sondern der Ruhm Christi)?“ (S. 143). In der folgenden, endgültigen Zurückweisung des hybriden Wort- und Waffenführers einer abgründig verweltlichten Kirche erklingt die bekannte, tiefernste Mahnerstimme des Erasmus. „Ha, Schluß jetzt mit deinen Triumphen...!“, *Ohe! Satis triumphorum, gloriosissime miles!* hatte Petrus zuvor dem Julius entgegengeschleudert, der sich

in einem orgiastischen Crescendo erinnerter Prunkszenerien posthum an der Selbstinszenierung seiner Herrlichkeit berauschte. Auch hier, mitten im satirischen Brillantfeuerwerk des Erasmus, schlägt das Trauma des Bologneser Triumphzuges durch.

Der Dialog hat also am Ende so etwas wie einen Doppelgipfel *in malam* und *in bonam partem,* zur schlechten und zur guten Seite hin. Auch sonst ist er alles andere als ungegliedert, was sich schon an der Art ablesen läßt, wie das pointierte Ende auf den ebenso dramatischen wie witzigen Auftakt zurückverweist (die verschlossene Tür und die luziferische Drohung, den Himmel zu stürmen). Auch die zentrale Struktur ist in klaren Verlaufslinien entworfen. Nachdem Julius sich zunächst ruppig und randalierend eingeführt hat, läßt er sich auf Verlangen des Türhüters dazu herab, seine ‚kirchlichen Verdienste' aufzuzählen, zunächst summarisch in einem achtungsheischenden Erfolgskatalog, dann, auf Nachfragen des Petrus, Punkt für Punkt en detail: Herkunft und Gewinn der Machtmittel, Krieg gegen Bologna und Ferrara, die beiden Konzile, Politik gegenüber den Franzosen, europäische Kriegshetzerei. Schon die alte deutsche Übersetzung hat diese Gliederung herausgearbeitet, indem sie Überschriften einfügte wie „Von verdienst und wolthat Julij"; „Petrus fragt nach ursach aller stück von Julio bißher erzelt"; „Warumb Julius Bononiam (Bologna) bekriegt habe"; „Ursach warumb doch die Bepst ein Concilium so seer schenden (scheuen)"; „Mit was list und klugheit Julius die König wider einander gehetzt hat".

Von Anfang an ist die völlige Gegensätzlichkeit der Vorstellungen dessen, was Verdienst um die Kirche Christi bedeutet, sowie das Verfahren des ironischen Verhörs im Mißverhältnis von meist knapper, untertreibender Frage und prahlerisch ausufernder Antwort vorgegeben. Es gibt aber auch den aus der klassischen Komödie vertrauten raschen Wechsel der Repliken – Erasmus war ein Bewunderer des Terenz –, häufig dann, wenn Julius auf das Nachhaken seines Befragers hin so etwas wie einen Katechismus antichristlicher Infamie herunterbetet. Die Mittelposition der Konzilsthematik zwischen lauter Punkten der politisch-militärischen Agenda zeigt, wie untrennbar das angeblich Geistliche mit dem moralfreien weltlichen Geschäft vermengt ist. Als Ironiker demaskiert Petrus den Zyniker Julius, dem der christliche Glaube nur noch ein profitabel auszubeutender Aberglaube ist, dessen Inhalte nicht mehr ‚zur Sache' gehören und nur noch die ewig Gestrigen beschäftigen.

Obgleich soviele politische und kirchengeschichtliche Ereignisse und Probleme relativ ausführlich behandelt werden, bleibt der Text immer witzig und unterhaltsam (*festivus*). Viele der alten Ausgaben fügen dem Ende des Titels die klassische Aufforderung an *Lector, risum cohibe*, Leser, zügle dein Lachen!

„Kurzweylig zu lesen" sei das Büchlein, verspricht der Titel der deutschen Version, und die zitierte Stelle aus einem Brief von Guy Morillon an Erasmus bezeugt zu einem frühen Zeitpunkt die entsprechende

Leserreaktion. Wie schon die mittelalterliche Komödie wußte, hat diabolische Dreistigkeit einen hohen Unterhaltungswert. Die päpstlichen Unverschämtheiten an die Adresse des ersten Inhabers des Stuhles Petri („falls du überhaupt jemals lesen gelernt hast", „wie altmodisch du daherredest", „wenn du mir folgen kannst") kontert dieser mit trockener Ironie: „Ich will mir alle Mühe geben" und knappen sachlichen Fragen, die immer neue Ungeheuerlichkeiten zu Tage fördern.

Den periodisch wiederkehrenden Wutausbrüchen des Julius stehen die schneidenden Äußerungen der Verachtung durch Petrus gegenüber, ein Vorschuß auf sein abschließendes Urteil. Die uferlose Selbstgefälligkeit des ‚Helden' schließt Momente einer fast rührenden Naivität nicht aus, die zeigen, wie meilenweit er von einem Verständnis seines Gegenübers entfernt ist: „Ich sehe schon, du gönnst es niemandem, daß er ein bißchen im Leben vorankommt" oder „Jeder Mensch schaut auf seinen eigenen Vorteil: Auch Wir kümmern Uns um Unsere Geschäfte" oder seine Aussage, daß selbst die Barbaren „schon gewissermaßen Menschen" seien. Nur an einer Stelle erringt er einen kleinen dialektischen Sieg, als er nämlich dem Petrus, der nur mit dem Schwert des Geistes gekämpft haben will, entgegenhält: „Aber Malchus wird das kaum bestätigen können, dem du ein Öhrchen abgehauen hast – vermutlich ganz ohne Schwert." (S. 45)

Solche Stellen sind *plane Erasmice,* unbestreitbar erasmisch. Sie verraten in ihrem dramatischen Kontext,

wie sehr der *Julius Exclusus* die Brücke vom monologischen *Lob der Torheit* zum dialogischen Witz der *Colloquia* bildet, die jahrhundertelang alle lateinkundigen Leser Europas entzückt haben, und von denen es bis heute (im Unterschied zu den englischen und französischen Fassungen) keine vollständige deutsche Übersetzung gibt.

Die vorliegende Übertragung des *Julius Exclusus* ist der Versuch, diesem literarisch wie historisch so provokanten Text, der bisher in keiner Einzelausgabe verfügbar war und dessen ältere Übertragungen zu einem neuen Ansatz ermutigen, auf deutsch seine stilistische Frische und Frechheit zurückzugeben, und damit einen der witzigsten und bittersten Texte der Renaissanceliteratur aus dem Gelehrtenghetto zu befreien.

Werner von Koppenfels

Literaturverzeichnis

Ausgaben und Übersetzungen:

Dialogus, Iulius exclusus e coelis, in: *Erasmi Opuscula*, hgg. von W.K. FERGUSON, Den Haag 1933, 38–124

Von der gewalt und haupt der kirchen/ein gesprech/zwischen dem heyligen S. Peter und dem allerheyligsten Bapst Julio, o.O, um 1520 ?

Julius II. Ein Gespräch an der Himmelsthür. Aus dem Lateinischen des Girolamo Balbi, Berlin 1877

Julius vor der verschlossenen Himmelstür, übers. v. G. Christian, in: Erasmus von Rotterdam: *Ausgewählte Schriften,* hgg. von W. WELZIG, Bd. 5, Darmstadt 1968, 7–109

The Julius exclusus of Erasmus, übers. von P. Pascal, hgg. von J. K. SOWARDS, Bloomington 1968

Julius Excluded from Heaven, in: *Collected Works of Erasmus,* Bd. 27, 155–197; Bd. 28, 489–508; übers. u. kommentiert von M. J. Heath, hgg. von A. H. T. LEVI, Toronto 1986

Colloquia, hgg. von L.-E. HALKIN et al., in: *Opera omnia*, Bd. 1.3, Amsterdam 1972

Moriae Encomium, hgg. von C.H. MILLER, in: *Opera omnia*, Bd. 4.3, Amsterdam 1979

WILLIBALD PIRCKHEIMER: *Eckius dedolatus / Der enteckte Eck,* hgg. und übers. von N. Holzberg, Stuttgart 1983

Ausgewählte Literatur:

ADAMS, R. P.: *The Better Part of Valor. More, Erasmus, Colet, and Vives on Humanism, War, and Peace 1496–1535*, Seattle 1962

ALLEN, P. S: *The Age of Erasmus*, Oxford 1914

COLISH, M.: Seneca's *Apocolocyntosis* as a Possible Source for Erasmus' *Julius Exclusus*, in: *Renaissance Quarterly* 29 (1976), 361–368

FABISCH, P.: *Iulius exclusus e coelis. Motive und Tendenzen gallikanischer und bibelhumanistischer Papstkritik im Umfeld des Erasmus*, Münster 2008

GEBHARDT, G.: *Die Stellung des Erasmus von Rotterdam zur Römischen Kirche*, Marburg 1966

GERLO, A.: Le *Julius Exclusus e Coelis* dans la correspondance d'Érasme, in: *La satire humaniste*, hgg. von R. De Smet, Brüssel 1994, 165–188

HALKIN, L. E.: *Erasmus von Rotterdam. Eine Biographie*, Zürich 1989

HUIZINGA, J.: *Erasmus*, Basel 1928

JARDINE, L.: *Erasmus, Man of Letters*, Princeton 1993

KOPPENFELS, W. v.: *Der Andere Blick oder Das Vermächtnis des Menippos. Paradoxe Perspektiven in der europäischen Literatur*, München 2007

MC CONICA, J. R.: Erasmus and the ‚Julius'. A Humanist Reflects on the Church, in: *The Pursuit of Holiness in Late Medieval and Renaissance Religion*, hgg. von Ch. Trinkaus/ H.O. Oberman, Leiden 1974, 444–471

MEISSINGER, K. A.: *Erasmus von Rotterdam*, Wien 1942

PASTOR, L. v.: *Geschichte der Päpste im Zeitalter der Renaissance*, Bd. 3/2, Freiburg 1924

PINEAU, J. B.: *Érasme et la Papauté. Étude critique du „Iulius Exclusus“*, Paris 1924

SCHMITT, H.: Der Julius-Dialog, ein *Colloquium* des Erasmus, in: *Die Satire des Erasmus von Rotterdam und ihre Ausstrahlung auf François Rabelais, Alfonso de Valdés und Cristóbal de Villalón*, phil. Diss. Frankfurt a.M. 1965, 160–200

SHAW, Ch.: *Julius II. The Warrior Pope*, Oxford 1993

STANGE, C.: *Erasmus und Julius II. Eine Legende*, Berlin 1937

THOMPSON, Sister G.: *Under Pretext of Praise. Satiric Mode in Erasmus' Fiction*, Toronto 1973

ZWEIG, St.: *Triumph und Tragik des Erasmus von Rotterdam*, Wien 1934

Weitere lateinisch-deutsche Ausgaben in der Reihe der Excerpta classica:

KANN GOTTES NICHT-SEIN GEDACHT WERDEN?

Die Kontroverse zwischen Anselm von Canterbury und Gaunilo von Marmoutiers

Übersetzt und herausgegeben von Burkhard Mojsisch, mit einer Einleitung von Kurt Flasch. 2. Aufl., 156 S., br. € 12,-
ISBN 978-3-87162-019-5

★

AUGUSTINUS VON HIPPO

LOGIK DES SCHRECKENS

Die Gnadenlehre von 397

Hg., erklärt und mit einem Nachwort von Kurt Flasch, übersetzt von Walter Schäfer. 2. Aufl., 333 S., br. € 17,-
ISBN 978-3-87162-023-2

★

FRANCESCO PETRARCA

AFRICA

Text- und Kommentarband. Hg., übersetzt und mit einem Nachwort von Bernhard Huss und Gerhard Regn. 680 / 200 S., br. € 29,- ISBN 978-3-87162-065-2

FRANCESCO PETRARCA

EPISTOLAE FAMILIARES XXIV

Übersetzt, kommentiert und mit einem Nachwort von Florian Neumann. 344 S., br. € 17,- ISBN 978-3-87162-049-2

★

VON BAGDAD NACH TOLEDO

Das „Buch der Ursachen" und seine Rezeption im Mittelalter

Text, Kommentar u. Wirkungsgeschichte des Liber de causis. Hg. und übersetzt von A. Fidora und A. Niederberger. Mit einem Geleitwort von Matthias Lutz-Bachmann. 271 S., mit farbigen Bildtafeln, br. € 17,- ISBN 978-3-87162-053-9

★

ANDREAS CAPELLANUS

DE AMORE

Übersetzt, mit einem Nachwort und Anmerkungen von Florian Neumann. 352 S., br. € 17,- ISBN 978-3-87162-060-7

★

JUSTUS LIPSIUS

DE CONSTANTIA

Von der Standhaftigkeit

Übersetzt, kommentiert und mit einem Nachwort von Florian Neumann. 446 S., br. € 18,50 ISBN 978-3-87162-046-1

Bibliographische Information der Deutschen Nationalbibliothek
Die Deutsche Nationalbibliothek verzeichnet diese Publikation in der Deutschen Nationalbibliographie: detaillierte bibliographische Daten sind im Internet unter http://dnb.ddb.de abrufbar.